U0502774

消费者的反抗

用人性营销留住商机

[美]马克·舍费尔（Mark Schaefer）—— 著

雍德生 —— 译

中国科学技术出版社

·北 京·

Marketing Rebellion: The Most Human Company Wins.
Copyright © Mark W.Schaefer, 2019.
Published by special arrangement with Schaefer Marketing Solutions in conjunction with their duly appointed agent 2 Seas Literary Agency and co–agent CA–LINK International LLC.
北京市版权局著作权合同登记　图字：01-2022-1632。

图书在版编目（CIP）数据

消费者的反抗：用人性营销留住商机 /（美）马克·舍费尔著；雍德生译 . —北京：中国科学技术出版社，2022.9
书名原文：Marketing Rebellion: The Most Human Company Wins

ISBN 978-7-5046-9661-8

Ⅰ.①消… Ⅱ.①马… ②雍… Ⅲ.①市场营销—关系—消费者行为论—研究 Ⅳ.①F713.50②F036.3

中国版本图书馆 CIP 数据核字（2022）第 122868 号

策划编辑	杜凡如　褚福祎
责任编辑	孙倩倩
版式设计	蚂蚁设计
封面设计	创研设
责任校对	张晓莉
责任印制	李晓霖

出　　版	中国科学技术出版社
发　　行	中国科学技术出版社有限公司发行部
地　　址	北京市海淀区中关村南大街 16 号
邮　　编	100081
发行电话	010-62173865
传　　真	010-62173081
网　　址	http://www.cspbooks.com.cn

开　　本	880mm×1230mm　1/32
字　　数	191 千字
印　　张	9
版　　次	2022 年 9 月第 1 版
印　　次	2022 年 9 月第 1 次印刷
印　　刷	北京盛通印刷股份有限公司
书　　号	ISBN 978-7-5046-9661-8/F·1023
定　　价	59.00 元

（凡购买本社图书，如有缺页、倒页、脱页者，本社发行部负责调换）

谨以此书献给

热爱商界并满怀勇气去改善它的营销者、创业者和消费者。

消费者反抗的脚步日益临近

我写这本书的目的是警醒众人。

几年前，我提出了一个令人不安的假设：如果无法跟上消费者行为的巨大变化，营销机构和人员的效率将日益下降。我的许多朋友在市场营销、广告和公共关系等部门就职。我发现，在当今，消费者行为的快速变化与企业提供的服务之间存在差异。

因此，我决定进行深入探索。经过两年的研究，我有信心向大家保证，两者之间绝不仅仅是"差异"，而是不折不扣的反抗。

当我全身心地投入最新研究时，我发现了一些演变和趋势，它们推翻了我此前关于营销机构和人员的理念。我在30多年的职业生涯中深信不疑的信条，几乎全部需要被重新审视……或者被彻底颠覆。

这一真相令人深感不安、出乎意料并具有挑战性。因此，我在想，如果我就此问题着手写一本书，会有什么后果。我当时的期待是，它将吹响令人觉醒的嘹亮号角。

我认为，目前营销行业的现实是，消费者已经掌控局面，销售漏斗①开始"失灵"，广告越来越少，大规模营销有遭大众厌弃的风

①　销售漏斗是科学反映销售产品或服务进程的销售管理模型。——编者注

险，消费者忠诚度虚无缥缈，传统首席营销官的角色已过时，科技有时或许对我们不利，商家和消费者的互动无关紧要，等等。

对职场新人而言，正如你将在本书中了解的那样，上述令人吃惊的观点并没有那么出人意料。实际上，在过去100年中，消费者的反击一直呈上升态势，上述现象只是其中不可避免的一部分，只不过我们中的大多数没有注意到罢了。

对于久经沙场的商界人士而言，我们不得不应对这些挑战，继续做我们一直在做的事情——调整。本书将告诉你如何进行调整，并督促你去思考，进而用新的、不熟悉的方法和消费者建立联系。当我说这一点能够做到、必须做到和由你来做的时候，请相信我。

如果你希望在朋友面前显得睿智，请记住，在回答所有关于市场营销的问题时，最关键的一句话是"视情况而定"。

我不是在故弄玄虚。这是一个非常严肃的回答。

世界上并不存在所谓的万能方案，能够解决所有行业和公司的营销问题。但在本书中，我将告诉你一个通用和全新的视角，帮助你去看待新的商业现实。这一视角是研究者的智慧结晶。

因此，我不会告诉你应该做什么或者不做什么。本书绘制了一幅"地图"，指明了令人兴奋的、新的市场营销的目的地。然而，每个人的业务状况都是独一无二的，只有自己才能选择出适合自己的抵达目的地的路径和策略。

欢迎来到《消费者的反抗：用人性营销留住商机》！

目　录
CONTENTS

第四部分 / 颠覆认知的营销

第一部分
消费者的三次反抗

第一章
谎言、秘密和控制不复存在

凡在小事上对真理持轻率态度的人，在大事上也不足为信。

——爱因斯坦

世界上很多经典的故事几乎都从微不足道的小事情开始。我将要讲述的故事，始于一块香皂。

当我还是个小男孩时，每次洗澡，我妈妈都会拿出象牙牌（Ivory）香皂。她只选择这个品牌，原因很简单：自电视机诞生以来，象牙牌香皂是广告做得最多的品牌之一。持续和无处不在的象牙牌香皂广告使她对这个品牌产生了信心，使她对这个品牌产品的品质深信不疑。

象牙牌香皂于1878年问世。当时，宝洁公司（Procter & Gamble）联合创始人之一詹姆斯·甘布尔（James Gamble）的儿子詹姆斯·诺里斯·甘布尔（James Norris Gamble）买下了一个白色香皂的配方，随后他们生产了一款产品，与当时美国市场流行的高档进口香皂展开竞争。这款产品最初的品牌名称为"洁白牌香皂"（White Soap），这个名称虽然简单直接，但富有吸引力，因为当时的香皂多数是黑乎乎的。

象牙牌香皂是美国最早的用纸张包装并单块售卖的香皂。实际上，它是美国最早的被"品牌化"的香皂——本来很平常的产品被打造成漂亮、洁净和统一化的产品。象牙牌香皂货真价实、纯度高，甚至能在水中漂浮起来。（这还要感谢一位员工，他在午餐期间忘记关掉搅拌机，导致更多的空气进入了那批产品，造成了"快乐的事故"。）

由于"漂浮"香皂在市场上大受欢迎，宝洁公司在1882年史无前例地投资了1.1万美元做了广告，这在当时是不折不扣的冒险行为。

宝洁公司这样做的目的不仅是要大张旗鼓地告诉人们它在大规模地生产香皂，还想告诉人们，要对陌生人制造的产品有信心。

现代的人们很难想象，在19世纪80年代，人们习惯从社区商店购买商品，并且从来不信任陌生人制造的东西。其实，在大规模生产、大规模配送和大众媒体诞生之前，世界各地不同文化的人们大多认识他们的屠户、面包师和香皂制造商，且知道他们的姓名。所以说，把香皂包装起来出售实乃令人脑洞大开的创新之举。

宝洁公司这一举动大获成功。在此后100多年中，宝洁公司不遗余力地在广告上持续投入巨资，其广告资金的投入位居全球各大公司前列。通过这种方法，宝洁公司将雪白的香皂送进千家万户，培养了大批忠实客户。

然而，近年来，"象牙"品牌却处于崩溃的边缘。象牙牌香皂曾一度占据美国50%以上的市场份额，是宝洁公司当时最知名的品牌。即使在20世纪70年代，象牙牌香皂的市场占有率还达到过

20%，但后来却仅占3%左右。象牙牌香皂的市场占有率跌落得如此之快，以至于宝洁公司已经在考虑是否将其抛弃。

其实，象牙品牌绝非个例。在过去几年，宝洁公司旗下的汰渍（Tide）、帮宝适（Pampers）及佳洁士（Crest）等品牌的市场占有率同样在快速下跌，令人扼腕叹息。

目前，一些世界知名的"老字号"品牌正在消失，这似乎令人很难想象。要知道，它们几乎都有上百年的广告营销史，其广告策划人士也不乏广告界奇才。就香皂产品而言，香皂没有被人工智能取而代之，没有被外包到他国生产，也没有被太阳能或其他东西替代，我们的日常生活仍然离不开香皂。而知名品牌衰落的局面使我们不禁要问，消费者态度的变化为何如此迅猛、如此出人意料，以至于很多曾经的知名品牌风光不再。

这个疑问在我的脑海中挥之不去，我一直找不到答案。然而，一位年轻女士的一句话让我茅塞顿开。我终于明白为什么会发生这样的事情，为什么它是真实存在的，以及为什么我们所熟知的传统市场营销，其失败不可避免。这是我长久以来获得的最令自己震撼的商业领悟。下面我就来讲讲这个故事。

🔊 品牌背后的一双双手

我获得这个领悟纯属偶然。当时，我在家乡——美国田纳西州诺克斯维尔市（Knoxville）拜访朋友。那是个美妙的夏夜，我和朋友们一起享用着美食，畅叙旧情，十分惬意。其间，在我去卫生间时，我发现了一摞香皂，其包装上显示的生产厂家是当地一家名不见经传的小厂。那一摞香皂里面有蜂蜜燕麦香皂、黄瓜玉米香皂等多款产品，颇具吸引力。

这种手工制作的香皂价格不菲，顾客购买时绝非心血来潮，因为它们当中有的售价是象牙牌香皂的十倍。

这引起了我的兴趣。我的朋友们是一对年轻夫妇，经济并不宽裕，为什么他们对世界上某些知名公司的知名品牌和产品置之不理，而选择价格更高的手工香皂呢？

带着这种疑问，我向女主人提出了我的问题："从你出生到现在，象牙牌香皂一直在做广告，为什么你买本地小厂价格更高的手工香皂，而不买象牙、多芬（Dove）等品牌的香皂呢？为什么你喜爱本地这个品牌？"

她想了一会儿，回答说："我不确定自己是否喜爱本地这个品牌，但我喜爱它背后的一双双手。"

仅用简简单单的一句话，她就解释出了其中的原因，指出了消费者态度发生巨大转变的根源。这促使我重新思考商业、品牌以及营销机构和人员在当今时代究竟意味着什么。

接下来，她给我讲述了这家本地香皂公司及其联合创始人的故事。

"我和这家公司的几个老板见过面，他们都是了不起的人。"

她说。"他们生产一种产品时，有明确的目标。他们致力于在我们的家乡经营可持续发展的公司。他们爱护环境，使用本地采购的天然配料。他们还坚持诚信经营、善待员工。对我来说，这很重要。那些员工参与社区建设，我在本地创新活动中见到过他们。这些香皂公司的管理者希望把我们的居住地建设成宜居之地，我也有同样的愿望。他们是我可以信赖的人，所以我愿意支持他们，无论他们销售什么产品，真的。"

我问她是否看过其他香皂产品的广告。

"没有。事实上，我已经记不清最近一次看广告是什么时间了。我是说，包括任何产品的广告。"

我想，如果你把这个故事告诉20世纪70年代的宝洁公司营销员，他们或许会认为你来自外星球。我这位年轻朋友想说的是，广告对她来说无关紧要。事实上，她已经对广告产生免疫力。她用"象牙牌"香皂10倍的价格购买本地产品，是因为她相信并支持创始人的愿景。对她而言，愿景比营销四要素——产品、价格、渠道和推广更有意义。这究竟是怎么一回事呢？

这仅仅是一个故事。然而，这本书将讲述更多类似的故事，它们都会指向一个巨大的转变，而这个转变完全是由消费者的反抗引起的。

事实上，这一反抗已经进行了100多年。我们正处于第三次（也许是最后一次）消费者反抗的开端。但是，在我们揭示这一趋势并理解它对你和你的公司的惊人影响之前，让我们从20世纪所谓的神药"蛇油"和"长生不老药"开始，回顾一下相关的历史演变。

◁)) 消费者的第一次反抗：谎言的终结

在现代日常生活中，我们对广告习以为常。广告不但时不时地在我们的现实生活中出现，而且还占据了我们网上生活中相当大的一部分。

我们通常所说的广告是现代营销方式之一，它在19世纪30年代成为报纸产业重要的收入形式之一。

一开始，广告要想成功，要用非同寻常和能带来实际益处的承诺来吸引公众的注意力。然而，当每家公司都做出这样的承诺时，竞争就很自然地变得日益激烈，广告也变得越来越花哨和荒谬，甚至演变成谎言。消费者有时可能被看起来很神奇的产品吸引，有时会缺少理性，用辛辛苦苦挣来的钱去购买言过其实的产品。

例如，自称"响尾蛇之王"的美国牛仔克拉克·斯坦利（Clark Stanley）夸耀他的蛇油搽剂是"神奇的止痛药，能够治愈跛脚、风湿病、牙痛和扭伤"。再如，有些药品广告声称，该药能够包治百病、延年益寿，甚至让人长生不老。这些都是欺骗消费者的虚假广告。

20世纪初，美国广告业的年营业收入已经达到20亿美元。在此背景下，第一批踏足广告业的一些人，当时已跻身于美国超级富豪行列。他们的财富建立在赤裸裸的欺骗之上，但他们却逃脱了监管和处罚，因为当时美国食品药品监督管理局（Food and Drug Administration,FDA）和美国联邦贸易委员会（Federal Trade Commission,FTC）等监管机构还未成立。此外，媒体也不愿意揭露广告行业的虚假宣传，因为它们不愿意失去最大的收入来源。

1905年，上述情况终于开始扭转。当时，《科利尔周刊》（*Collier's Weekly*）一名勇气可嘉的记者在领导的委托和一个化学实验室的协助下，进行调查，揭露广告业盛行的不道德和虚假宣传之风。几个月之后，该杂志发表了名为"美国重大骗局"（*The Great American Fraud*）的系列文章，共11篇。这些文章向公众披露了那些所谓的"神药"所含的危险成分，而那些成分有可能导致使用者上瘾。事实上，试验表明，那些药物甚至能够导致接受实验的动物死亡。

一夜之间，斯坦利"蛇油"从似乎能够包治百病的"神药"变成了"欺诈"的代名词，尽人皆知。

历史上第一次消费者对市场营销的反抗开始了！

《科利尔周刊》所揭露的骗局触目惊心，引发了众怒，公众强烈呼吁改革。公民团体和富有斗争精神的医生要求立法，呼吁制定商标法和广告规范。当时的罗斯福总统对此表示支持。他对该杂志的调查报告大加赞赏，并许诺他将力排众议，促进久拖不决的《食品和药品法》（*Food and Drug Act*）的制定。然而，拟定的法案遭到了广告界的强烈反对。最终，由于公众持续施压，拟定法案终于获得通过，只不过最终通过的法案是经过修订的版本，严厉程度有所降低。

此后一段时间中，广告业深陷危机，处于被人不齿、危机四伏的境地。

然而，第一次世界大战的爆发，给广告业带来了意想不到的利益，进而挽救了这个行业。当时，美国政府与广告商签订合同，开展宣传活动，呼吁大众支持战争。通过美国民众的爱国行动，广告业开始自我救赎，而第一次世界大战后经济的繁荣促使美国和欧洲的广告投入飙升。

20世纪20年代末期，广告业已经成为美国经济的重要组成部分，占美国国内生产总值（GDP）的3%。1930年，广告支出已经增长至第一次世界大战前的10倍。

广告业逐渐变得更加科学化和专业化，利润也大幅上升。得益于专业知识和资金的积累，广告商日渐强大。在美国，象牙牌香皂和其他国产产品的广告随时随地涌现，令人目不暇接。

然而，激烈的市场竞争导致市场再次陷入尴尬的境地。橘子汁、牛奶和牙膏的广告无底线地夸大产品的健康功效，而这些宣传根本没有科学依据。香烟被宣传为能够滋润喉咙，有益健康；某镇静类药物的生产商声称，这种2英寸（1英寸=2.54厘米）长的胶囊含有一种特别成分，能够"包治百病"。然而，事实上，胶囊里面封装的只不过是给马使用的强效泻药。

随着消费主义的兴起，一些新产品经过精心包装，被宣传为具有特别功效、能够预防各种疾病。一些机构精心设计了心理测试，刺激人们的潜意识焦虑（例如：口臭将使你令人嫌弃！）。因此，广告业重蹈覆辙，再次成为满口谎言的行业，从业者为了一己之利，想方设法制造公众焦虑。

物极必反，广告业很快又遭到现实的沉重打击。

广告业对美国民众的操纵，激怒了两名记者，他们合著了一本书——《你的钱值多少：关于消费者金钱被浪费的研究》（*Your Money's Worth: A Study in the Waste of the Consumer's Dollar*）。该书通过科学试验和医学证据，揭露了广告业的欺骗伎俩，触发了"消费者反抗"。该书出版后受到公众欢迎，促进了一家独立检验实验室的成立，这家实验室就是美国著名的消费者组织"消费者报告"（Consumer Reports）的前身。

这本书和这家新成立的实验室，成为声势浩大的消费者运动的领头羊。20世纪30年代，美国新闻界对广告业的不当行为进行了持续的无情鞭挞，导致消费者对广告业的不信任感与日俱增。

令广告业雪上加霜的是，一些最严厉的批评来自广告业内部。部分广告公司高管对广告业的谎言痛心疾首、忍无可忍，因而对广告业进行了激烈抨击。知名广告文案大师海伦·伍德沃德（Helen Woodward）痛惜地写道："我终于意识到，我毫无价值，我们毫无价值。虽然这一意识过程缓慢持久，但结果非常令人震惊。"还有一位广告业高管表示，为了在广告业取得成功，他不得不"清空自己的人性"。

诸如此类的批评促进了立法改革，美国联邦贸易委员会获得了更大的权力。该委员会制定了更严格的法规，对虚假广告宣传进行监管，处罚力度也随之加大。

消费者的第一次反抗是一场针对谎言的斗争，领军人物是媒体记者，斗争的目的最终通过政府的法律得以实现。

消费者的第二次反抗与第一次完全不同，意义也更加深远。

◁)) 消费者的第二次反抗："秘密"的终结

在我的孩提时代，人们要想看电视，必须在房顶安装天线。通常，如果有人站在电视旁边，图像就会更好一些，其中的原因我至今也没有弄明白。也许，那样做可以更好地把电视信号传送到电视机。

凑巧的是，我非常适合这样的"任务"。如果电视信号较差，我就会自告奋勇地站在电视机旁边。有时候，我会将身体微微前倾，双臂展开，摆出打棒球时"击球准备"的姿势，以便尽可能获得完美的电视图像。因此，基本上每一个电视节目我都会从头站到尾。

因此，我小时候非常痛恨电视节目。然而，动画片《蝙蝠侠》（*Batman*）是个例外。不过，这是后话了。

我要说的重点是，那个时代的传媒业还处于初期阶段。美国当时只有三四家电视网的信号可以通过那些天线被传送至用户的电视机。作为电视观众，不管我们是站着还是坐着，我们都是广告商的"被动受众"。如果想看电视节目，就必须观看广告——无休止的广告。但是，这种现象即将改变，原因是消费者不喜欢广告。当消费者对他们不喜欢的事物进行反击时，他们很可能会赢得最终胜利。

消费者第二次反抗的驱动力来源于科技的发展。1950年，美国著名家电公司顶点（Zenith）率先推出了电视遥控器。这样，电视观众就可以坐在沙发上，利用遥控器切换频道来跳过广告。这家公司的遥控器名为"懒虫"（Lazy Bones），它通过一根线和电视机连接。即使在电视机刚走进寻常百姓家的年代，消费者也早已经想出办法跳过商业广告了！现在，美国家庭基本都拥有好几台遥控器，方便观众随时拿起来跳过广告，与广告商展开针锋相对的"斗争"。

20世纪70年代，盒式录像机问世，消费者规避商业广告的能力再上新台阶。许多家庭的做法是，先把电视节目录制下来，然后在回放节目的时候"快进"，跳过广告。

1948年是另一个使观众免受广告之苦的关键时间点。当时，宾夕法尼亚州建立了比较原始的有线电视网，向无法接收到电视信号的山区传送信号。巧合的是，同一时期，美国联邦通信委员会（FCC）决定，暂停发放新的电视台营业执照，这样就催生了观众对电视节目的更多需求。由于上述两种因素的共同作用，美国的城市和乡村掀起了投资建设有线电视网的热潮。

当时，内容供应商已经在考虑这样的问题：如何利用新的有线电视系统，让用户为全美三大主流电视网之外的内容付费？他们想知道，为了免去开车去电影院，人们是否愿意选择居家观看付费电影？为了能够跳过广告，人们是否愿意支付更多的费用？事实证明，答案是肯定的。

美国第一家有线电视网的名称为"超级电视台"（Super Station），由传媒业大亨特德·特纳（Ted Turner）创立于亚特兰大。1975年，美国家庭鼎级剧场（Home Box Office，HBO）成为第一家通过卫星向全美传送免广告电视节目的有线电视网。

随着时间的推移，消费者对内容的控制力越来越强。总体而言，广告中的"谎言"已经消失得无影无踪。但是，大多数公司的经营秘诀依然是有选择地向消费者公布信息。信息的控制权被公司和品牌牢牢占据。汽车、保险、旅游和房地产等行业，往往会有选择性地向消费者公布信息。管理者深知，毫无保留地发布信息会影响公司的利润率。

这一点即将改变，并且改变的方式异乎寻常。

💼 "倒塌"的"金色拱门"

如果要找到一家靠广告和选择性公布信息的公司，麦当劳是绝佳选择。

这家标志性的汉堡连锁店，其传奇故事已经被报纸、杂志和纪实片广泛宣传。有人甚至以麦当劳的创始人雷·克拉克（Ray Kroc）为原型，拍摄了一部名为《大创业家》（*The Founder*）的电影。

在麦当劳成立之初，这家连锁店仅有14家门店，年销售额只有

120万美元。随着克拉克准备将麦当劳带入快速增长轨道，麦当劳于1960年启动了首次全美范围内的广告宣传活动，活动名称为"寻找金色拱门"。

仅10年之后，麦当劳在美国的50个州都设立了门店，门店总数量增至1600家，年销售额约为6亿美元。在此期间，麦当劳推出的创意广告"You Deserve a Break Today"（忙里偷点闲），被权威杂志《广告时代》（*AdAge*）评为历史上的最佳广告。这家美国本土公司还登上了《时代》周刊（*Time*）封面，一时风光无限、好运连连。

至于好运来自肉（蛋）卷，还是小面包，就无关紧要了吧。

20世纪80年代是麦当劳的又一个高光时刻，且持续了整整10年时间。当时，在牢牢占据郊区市场之后，麦当劳开始把经营重点放在城市中心区。虽然有多家汉堡公司向麦当劳发起挑战，但麦当劳的销售额和市场份额持续增长，将竞争对手远远甩在身后。

不但如此，麦当劳还进军国际市场。到20世纪90年代中期，麦当劳已经扩张至101个国家，门店数量大约为两万家。同时，它在广告上的投入位居全球各大公司前列，广告支出接近10亿美元。"金色拱门"成为全球最易识别的标识之一。麦当劳售出的"开心乐园餐"不计其数，以至于这家公司被称为世界上最大的"玩具分销商"。

然而，到了2002年，麦当劳风光不再。在利润连续几个季度下降之后，麦当劳宣布了上市之后的首次亏损。亏损的部分原因是，大批民众对麦当劳食品是否健康表示担心。社会上出现了许多关于麦当劳的负面传言，涉及食品卫生等方面。其中一个原因是，有史以来最便利的信息交流平台——互联网，已经被消费者广泛利用。

当时，各种流言充斥于互联网，层出不穷，一些言论耸人听闻。

麦当劳采取多种措施应对危机，其中包括削减此前制定的过高的增长目标，采取回归本源的食品战略，提高170万名员工的工资，采用更健康的食材，还借助一个富有吸引力的广告语强调公司的活力。这条广告语是"What we're made of"（我们是由什么制成的）。

另外，麦当劳任命瑞克·韦恩（Rick Wion）担任公司历史上首位社交媒体总监，负责应对危机。瑞克·韦恩来自位于芝加哥的一家公司，该公司自2006年起一直协助麦当劳处理社交媒体事件。在一次采访中，他表示，自己的经营策略分为三个部分，即借助社交媒体壮大业务、管理好客户关系，以及与育儿博主等网红群体建立联系，以扩大公司影响力。

麦当劳还计划借助互联网，传播其"我们是由什么制成的"的改革决心。该改革计划并不复杂。简而言之，麦当劳希望利用社交媒体，吸引大众去观看公司新制作的几部广告宣传片。这些宣传片的目的是，向观众介绍那些给麦当劳提供安全农副产品的农牧场主，并展示他们的真实生活和工作。

宣传片推出的当天，社交媒体似乎风平浪静。点击"与农牧场主互动"话题标签（#Meet The Farmers）后，人们可以在线观看录像，并通过推特（Twitter）进行互动。在初始阶段，关于宣传片的推文基本上都是比较积极的和正面的。

然而，当天下午，瑞克·韦恩又推出了另外一个话题标签——"麦当劳的故事"（#McDStories），希望人们继续谈论那些农牧场主。然而，营销活动突然偏离了轨道。在位于麦当劳总部大楼8层的办公室内，瑞克·韦恩注意到，一种完全不同的故事类型主导了话题。人们开始讲述关于麦当劳门店、食品、服务、氛围以及其他内容的糟糕故事，而这些故事真假难辨。

为了能够在推特主页上推出话题标签，麦当劳支付了真金白银，但这对提升公司的品牌形象毫无作用。麦当劳在两个小时内结束了这场营销活动，并得到了一条惨痛的教训——你无法撤销话题标签！更准确地说，是"抨击标签"！不仅如此，抨击麦当劳的推文此后依然不断涌现，持续了很长时间。

对麦当劳来说，一场精心设计的社交媒体营销，最终演变成惨不忍睹的公关危机。这场被称为"麦当劳溃败"的事件，成为社交媒体历史上最失败的案例之一。

瑞克·韦恩当时告诉我，实际上负面推文占比不足2%。按照正常标准，这本应该是一场十分成功的社交媒体活动。然而，"好事不出门，坏事传千里"。令人遗憾的是，此次事件的真相被湮没在炒作之中。

麦当劳最终吸取了惨痛的教训，那就是必须严肃对待消费者的反抗，不要再去遮掩、回避。与其想方设法去粉饰那些真实的（或想象中的）问题，包括食品卫生、食材等问题，倒不如坦诚地说出真相。麦当劳认识到,几十年来精心打造的品牌形象,稍有不慎将可能毁于一旦。

随后,麦当劳采取了积极的应对措施,发起了一场主题为"Our Food,Your Question"(我们的食物,您的问题)的宣传活动,鼓励消费者通过脸书(Facebook)[①]、推特和专用网站等提出任何关于麦当劳的问题。麦当劳收到并回答了3万多个各式各样的问题。在给消费者的回应当中,一段视频令人印象深刻。在这段视频中,麦当劳的营销总监向人们解释了为什么门店出售的汉堡与广告中的不一样。这段视频在油管(YouTube)网站上获得的点击量大约为1000万次。

最终,麦当劳的这场诚信宣传活动覆盖了美国和澳大利亚。

麦当劳管理者转变观念,对公司文化进行了深层次改革,目的是使公司文化与消费者的预期一致。麦当劳还意识到,消费者的能力因为互联网的存在变得不可低估。

无法隐藏的"秘密"

麦当劳的举措甚至使它的批评者都感到钦佩,其中一位批评者称,麦当劳已经"重新定义了透明度这一概念"。虽然麦当劳的上述活动富有勇气,但实事求是地说,它也别无选择。要想生存,麦当劳不得不采取这样的措施。消费者的第二次反抗结束了,这一次,获胜方仍然是消费者。这次反抗的结果是,秘密或许已经不复

---

① 已更名为元宇宙(Meta)。——译者注

存在，在互联网上尤其如此。

我们对互联网早已习以为常，但互联网在终结"秘密"的过程中起到的作用巨大，不容忽略。让消费者掌握信息，彻底改变了交易过程。无论是买车、制订度假计划、购买保险、评估健康状况，还是购买房产、股市投资等，都概莫能外。

在这场由科技引领的反抗风起云涌之际，我正在从事企业营销的工作。从商业的角度来看，这场反抗非常可怕，因为所有的市场营销功能、战略和战术几乎都被颠覆。科技对企业的改变是如此的迅速和彻底，以至于我们对将来要发生的事情一无所知。

互联网让我们很难隐藏一些信息。在这一过程中，我们可能会震惊、否认、愤怒、抑郁等，以及责怪律师没能帮上忙。但最终，我们不得不接受现实，并决心重新去审视这个新世界。

如果你和我一样，依然记得当时痛苦混乱的心情，那么你就应该知道，"好戏"还在后面。消费者的第三次反抗已经开始。这一次，消费者取得了掌控权，并且绝不含糊。

◁⑴ 消费者的第三次反抗：控制的终结

让我们暂时先回到前面所讲的那个有关香皂的故事。就下一场无法避免的反抗而言，香皂的故事给了我们什么样的启迪呢？下面是五条提示。

（1）我那位年轻的朋友将感情赋予产品背后的人，而不是产品本身。实际上，那家本地生产商没有"售卖"任何产品，但却打动了我的朋友，让她对他们的愿景和事业深信不疑。相比而言，对于生产象牙牌香皂的公司，我们目光所能触及的也就只有广告了。

（2）诸如象牙牌香皂一类的标志性产品，即使已经进行了一百多年的大规模营销，也无法打动我的那位朋友，因为她已经对传统广告具有"免疫力"。她向我解释说，她选择在网上观看电视节目，收听无广告的卫星广播、播客音频，并且在电话和电脑上安装了广告拦截软件。总而言之，她实际上已经不看任何广告了。

（3）从传统意义上来讲，她购买的那款本地生产的香皂并没有进行市场营销。她之所以购买那个品牌的香皂，完全是因为生产商给她所在的社区带来了实实在在的利益。那家公司背后的"目的"价值，以及那家公司和她本人在价值观上的契合一致，已经让她忽略了价格因素，不再考虑购买其他品牌香皂。

（4）她所叙述的故事非常有说服力，以至于我也有了购买那款本地香皂的冲动。口碑营销，以及经过社交媒体渲染的供应链等，导致竞争变得公平、公正，打破了此前的传统障碍。这些障碍包括：必须要在大型商场有宽敞的卖场，或借助广告巨头进行营销。实际上，有意义、可信和关联度高的故事，就可以塑造品牌。那本地香皂公司的故事非常真实，打动了人心。因此，我的那个朋友热情地帮助那家本地公司讲述品牌故事。现在，消费者已经变成了营销人员。

（5）销售漏斗开始"失灵"。除了类似于我那位朋友为她自己选择的消费者旅程①之外，没有其他的消费者旅程需要去宣扬。对那些无法打动、遥不可及的人，你怎么可能实现成功营销？事实上，他们不但遥不可及，而且还为自己的状态感到骄傲，这对于营销人员来说无疑让人感到更加沮丧。

在这个例子当中，我们亲眼看到，传统的以"命令和控制"为特点的营销，其基石已经崩塌。

谎言已经终结！"秘密"不复存在！控制再无可能！

一个多世纪以来，通过广告印象的持续积累，营销人员成功打造出了诸如象牙牌香皂之类的知名品牌。然而，如果营销人员希望在这场反抗中生存下去，需要牢记，打造公司和品牌的唯一出路是"人性印象"的积累。

这并不是什么新鲜的观点。事实上，它是市场营销中最古老的法宝。在内心深处，我们都知道，商业是关于情感和关系的活动。我们从那些我们认识、喜欢和信任的人们手中购买商品。我们只是忘记了这一点，原因是广告、公共关系、社交媒体的狂轰滥炸，取得了非常好的效果。

至少，过去是这样。

---

① 消费者旅程指的是消费者从接触信息到达成购买的过程，分为知晓、搜索、查询、比较、购买五个阶段。——编者注

💼 我们自以为了解的世界与现实世界

用户画像研究所（Buyer Persona Institute）首席执行官阿黛尔·里弗拉（Adele Revella）曾经督导过几千场客户访谈，涉及人员涵盖几十个行业。她告诉我，几乎每一个消费者旅程都存在这样一个特点："几乎没有人觉得他们的购买决定曾经受到营销活动的影响。"

"我知道这听起来很可怕。同时，我也不喜欢传播坏消息。然而，每当我看到有人借助图表详细描述所谓的消费者旅程，但实际上这种消费者旅程与真实买家告诉我们的事实大相径庭时，我都感到十分不安。毫无疑问，成功的销售来源于传统营销之外的活动，包括同行推荐、评论以及同事之间的口口相传。虽然我们偶然听到有买家提起网上研讨会、白皮书和案例研究等'客户触点'，但大多数买家告诉我们，不要相信卖家兜售的内容。"

"作为一名销售和市场营销专业人士，我觉得我们已经把自己置身于回音室之中，不停增强自己的声音、表达自己的观点、强调自己的方法。我们都在读和听同行的观点和看法，而我们的同行却在花费大量的时间和精力，去界定、澄清和强调我们自以为是的市场营销方法，并认为这些方法意义非凡。然而，实际情况是，真正的消费者旅程已经被买家掌控。"

也就是说，此前可以预测的销售漏斗已经变成不易理解的迷宫。

麦肯锡咨询公司进行了一项具有里程碑意义的研究，揭示了在消费者的第三次反抗中，消费者行为是如何颠覆营销行业的。这项研究表明，平均而言，在采购评估阶段，三分之二的"触点"与"人性驱动的市场营销活动"有关，这些活动包括网络评论、社交媒体传播，以及朋友、家人和在线专家的口碑推荐，如图1–1所示。

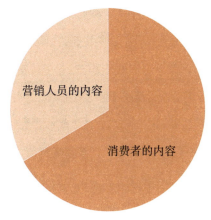

图1–1　有效的市场营销

让我们静下心来，仔细解读一下该图，你会发现，三分之二的市场营销已经不属于你！

消费者行为的巨大转变，意味着企业必须改变此前推动式市场营销的沟通方法，并且要尝试去影响此前不熟悉的、由消费者驱动的那三分之二。

上文提到的那项意义重大的麦肯锡的研究，其报告早在2009年就发表了。对这种消费者的反抗行为，我们早有耳闻，但我所了解到的营销公司，几乎都在沿用传统的营销战略，包括电视广告、潜在客户培养以及向想象中的目标群体定向发送信息。

10年后，麦肯锡公司对那篇著名的研究报告进行了修订。在对超过12.5万名消费者在30个行业的350多个品牌上决策的历程进行研究之后，麦肯锡公司得出的结论是：消费者的忠诚度比以往任何时候都难以捉摸。在这些样本中，90%的品牌毫无消费者忠诚度可言！

营销效果也正在证实这一点。然而，虽然消费者的第三次反抗就在营销人员的眼前发生，他们却熟视无睹。

我曾经写过一篇关于这些重大变化的帖子，发表在领英（LinkedIn）上面。一位高管看后坚决不同意我的看法，并称"营销就是营销，只要我们做广告并能控制信息，结果就不会差"。

大家看，就像这位高管一样，许多市场营销、广告和人力资源行业的专业人员仍然在"蒙头大睡"，他们像那位高管一样，甚至没有意识到自己已经"进入了梦乡"。

我明白了。

消费者的反抗会给营销行业带来困难。

当你的事业一帆风顺时，消费者的反抗会让你感到不适。

消费者的反抗与目前社交媒体谈论的商业智能仪表盘（Dashboard）[1]格格不入。

---

[1] 商业智能仪表盘（Dashboard）指商业智能工具中的数据可视化模块，同时也是向用户展示分析信息和各项指标的平台。——译者注

好吧，咱们这么办。我给你一粒"红色药丸"。

还记得电影《黑客帝国》（*The Matrix*）里那个著名的场景吗？就是墨菲斯（Morpheus）伸出双手，让尼奥（Neo）选择药丸的那一幕。墨菲斯是这么说的：

"如果你选择蓝色药丸——故事就结束了。你在床上醒来，相信你愿意相信的一切。如果你选择红色药丸——你将留在'仙境'，并且我将让你看一看，兔子洞到底有多深①。请记住，我给你的都是真相，仅此而已。"

本书是你的"红色药丸"。

你也可以选择放下这本书，你也许可以维持拥有"蓝色药丸"的生活，拥有"幸福的无知"，试图"控制你的营销信息"，直到退休或被解聘。

如果你"吃下"我这个"红色药丸"，加入这场营销变革，那么，我的朋友，你将踏上豪迈的征程。你知道，真相是奇怪的东西，它可能会使你坐卧不宁，但最终将给你自由。

我们正朝着崭新的世界迈进，且这个世界无法抗拒。这个新世界由订阅、信誉和口碑驱动，没有广告、销售漏斗和大品牌忠诚

---

① 兔子洞的含义源自《爱丽丝漫游奇境记》，指"进入未知世界"。——译者注

等。此时此刻，警报已经拉响。

甚至即使消费者停止在奈飞（Netflix）和亚马逊网站上观看无广告的电影和视频，放弃通过苹果音乐（iTunes）等应用平台收听无广告的音乐，停止阅读所订阅的无广告的文章，不再在移动设备上使用广告拦截软件，并且甚至是在很久之后又重新观看广告，他们也会对广告失去信任。研究表明，接近80%的消费者不相信任何形式的公司广告，而在青年消费群体中，这个比例更高。至少10年以来，信任广告的人群比例一直处于下降趋势。

在随后的章节中你将发现，传统营销的基石——渠道、策略、代理商关系，甚至是对把工作做得漂亮就能够提高消费者忠诚度的预期——都土崩瓦解了。

掌控局面的是消费者，消费者就是市场营销部的成员。

正如消费者赢得了过去100年与营销机构的每一次战斗一样，他们仍将在消费者的第三次反抗中获胜。我无法改变消费者获胜的事实，但是，也许我可以改变你——营销人。

我们必须未雨绸缪，迎接时代带来的挫折和机遇，探寻全新途径，以便与消费者重新连接起来。

这正是我写本书的原因。

第二章
营销的一切关乎人

营销正在经历一场生存危机。

——阿什利·弗里德莱因（Ashley Friendlein）

数字咨询（Econsultancy，一家数字营销和电子商务咨询公司）

联合创始人兼首席执行官

在过去10年中，我出版了7部著作，其中4部还出版了修订版。其实，我从来没有写书的计划或策略，我只有在对某种趋势感到迷惑时才去写书。我写这本书是因为我观察到了一个现象，那就是：我营销行业的朋友们陷入了困境。

这种状况无处不在，至少在我所了解的几乎每一家公司中，这种现象都真实存在着。

据我所知，大多数知名品牌的营销明星都在苦苦挣扎。很荣幸地，每年我都帮助业界策划一场高规格的首席运营官会议，只有受邀人士才能出席。与会人士是营销行业内的一些著名人士，他们每年在这场不公开的圆桌会议上，就当前最紧迫的营销话题展开最诚实和坦率的讨论。

在上次会议上，我们要求与会的每一名高管都告诉大家，他所面临的最大挑战是什么。结果，每一个人都惊呼："我们落后得太多了！在每件事情上都是如此！"

与会者都是在营销行业打拼多年、备受尊重的高管，有的还在一些在全球排名靠前的大公司工作。然而，他们的言谈中同样充满了绝望情绪。事实证明，以前行之有效、屡试不爽的营销策略，如今已经不再奏效。

问题的核心在于，大多数营销机构和营销人员还没有认识到消费者的第三次反抗所产生的影响。世界正在飞速向前，日新月异，与过去已经大不相同，但是他们却没有与时俱进。他们自认为跟上了时代的浪潮，因为他们经常参加峰会，讨论的问题涵盖大量改变商业环境的科学技术，包括人工智能、区块链、营销自动化、内容策展系统、社交媒体"作战室"、虚拟现实和搜索引擎优化等。

不可否认的是，这些创新和技术非常关键，在营销行业的未来发展中将扮演重要角色。但是，如果我们忽视消费者的转变，上述技术所能发挥的作用将非常有限。这种转变就是，消费者的反抗正在使我们所熟悉的营销战略变得陈旧过时、不合时宜。如果这些吸引眼球的新科技背后的战略是错误的，那么使用这些技术显然将无法达到预期效果。

研究表明，只重视科技而忽视消费者转变的营销战略无疑是错误的。一项在美国、英国和澳大利亚进行的研究表明，企业和消费者对市场营销的认识大相径庭。

- 企业认为，在它们的营销信息中，只有13%是在没有受到邀请的情况下发出的；而消费者认为，企业向他们所发送的信息中，85%是垃圾信息。

- 企业认为，其营销信息中的81%具有相关性和实用性；而84%的消费者则认为，这些信息毫无用处！

- 企业认为，就它们对消费者做出回应的及时性而言，25%有迟缓现象；而消费者的看法却截然不同，他们认为企业的回应有83%不及时。

- 企业认为，在企业所传播的信息中，75%是个性化的；而消费者则认为，这一比例只有17%。

虽然营销机构和营销人员与消费者在认识上存在差距是正常现象，但上述数据依然令人震惊。这是因为，就营销机构和营销人员对自己工作的看法与消费者的实际反应而言，双方存在的差距过大，并且消费者对营销机构和营销人员做出负面评价的比例相当高。

换句话说，世界各地的营销机构和营销人员都必须承认，他们输了。与此同时，消费者却说："是的，你们已经输了。"

新加坡的企业解决方案服务商猎鹰公司（Falcon）战略部总监阿福塔·拉姆·辛格（Avtar Ram Singh）称："研究表明，超过50%的民众不相信营销承诺。"

"营销机构在广告中轻易做出承诺，吹嘘他们的产品和服务一流、透明度高、注重解决问题……然而，产品的真实品质和消费者的消费体验表明，那些承诺堪比海市蜃楼，虚无缥缈。这绝不仅仅是理解上存在偏差的问题。实际上，这是营销产业的溃败。对营销机构而言，这绝对是一件令人沮丧的事情。"

这到底是怎么回事？为什么市场营销已经变得如此令人迷茫、效率低下？消费者对市场营销的反抗已经清晰地体现在商业智能仪表盘上面，为什么我们对此依然熟视无睹？

关于这个问题，我与世界各地的同行们进行了广泛交流。结果表明，他们之所以问题缠身、业务能力远远落后于营销行业的发展，主要有以下5个原因。

1. 碾压性技术变革

科技进步日新月异，冲击力强，让人产生无助感，进而带来了方向和效率的不确定性，甚至会让企业领军人物在个人关联度方面产生疑惑。我在营销行业已经有30多年的从业经验，我认为，营销行业在近几年已发生了巨大的变化。

营销顾问保罗·萨顿（Paul Sutton）曾私下里对我表达过以下见解。

"我经常给大公司的数字化建设建言献策。我组织行业论坛，写博客，主持播客。作为专家，我的观点被媒体多次引述。然而，实事求是地说，当我意识到我还有那么多东西不知道时，我甚至魂飞魄散。"

"环顾这个数字传播大行其道的世界，我呆若木鸡，不知所措。人工智能、自动化以及对我们的工作、生活甚至是生存产生影响的其他科学技术令人生畏。我还意识到，这些事情令我感到恐惧，但它们的存在甚至还没有被大多数营销机构和营销人员意识到。我想，感到吃惊和感到恐惧是好事情。至少，我能意识到这些技术的存在。"

营销机构和营销人员可能还会对扑面而来的数据感到不知所措，这些数据包括消费者的联系方式、网站行为数据、采购数据、采购后体验数据等，不一而足。接近60%的营销人员认为，"科技过载"令他们无所适从。在营销行业的领军人物当中，只有16%认为自己已经在科技方面做好了准备，有信心应对工作挑战。

可以预料的是，更伟大的科技变革还在后面。谷歌公司联合创始人之一谢尔盖·布林（Sergey Brin）认为，人工智能技术方兴未艾，它将催生一场"科技文艺复兴"，驱动前所未有的变革，进一步加速发展。他还表示："人工智能的快速发展是我一生中意义最为重大的科技进步。每个月世界上都会诞生令人惊叹的技术应用和变革性的新技术。这些强大的技术也给我们带来了前所未有的问题和挑战。"

令人不寒而栗的是：今天科技进步的速度，是我们所看到的最慢的一天！科技发展不以任何人的意志为转移。科学技术日新月异，势不可当。我们要应对的不仅是害怕错过的心理，还有会被科技远远甩在后面的恐惧。

2. 过分依赖科技和自动化

近年来，一些市场营销团队已经变成了信息技术团队，其作用被夸大。面向客户的决策通常由数据分析师作出，他们的决策方法也许能够提高效率——甚至有可能挖掘到潜在客户——但却使我们远离消费者的内心。目前，首席营销官所掌握的科技资金比信息技术部门的高管所掌握的资金还要多，这种现象已经屡见不鲜。问题的症结在于，究竟有多少首席营销官能够真正高效地使用技术资金？

几年前，在我的汽车租赁即将到期的时候，我收到了租赁行四个不同的员工给我发送的邮件，许诺给我优惠，以便让我签订新租约。那四个员工给我的优惠条件不同，使我感到疑惑。为了弄清楚原委，我致电租赁行，询问到底应该和谁联系。一名"线上销售经理"让我和我的销售代表杰森（Jason）联系即可。

遂我给杰森发了邮件，并收到了回复。我们约定，在某个周二的上午于9点见面。实际上，那个月我只有那一天有空。我按约定时间到达，但杰森没有准时到，他的同事就让我在休息室等待。30分钟后，我询问杰森什么时候到，得到的答复是，他今天不上班。"那怎么可能？"我大惑不解，"我昨晚收到他的邮件，约定今天上午见面！"

接待人员解释道："哦，那类邮件都是自动发送的。杰森甚至不知道发出过那样的邮件！"

最终，我与一位销售经理见了面。那位销售经理根本不知道我到访的目的，对我打印出的优惠租约一无所知。更糟糕的是，他们许诺租给我的那辆车并不是空闲车辆。他们的自动化营销手段太过分了，浪费了我的时间，令我感到异常气愤。

"为什么销售人员不能掌控他们自己的邮件？"我质问那名经理，"他们一天有可能约几位客户？"

"也许两位，或者更少。"他回答道。

这个例子说明，自动化营销已经失去了作用。那家租赁行本来想寻找营销捷径，但最终却让一名有急切需求的忠诚客户大失所望。（后来的事实证明，我糟糕的客户体验才刚刚开始。）

对科技的过分依赖，已经使很多营销人员忘记，购买商品和服务的是人，而不是电子表格上的数据。科技带来的好处非常吸引人，但依赖科技有时也会使营销人员变得不够敏锐，使管理者和员工看不到这样一个事实：处于掌控地位的是消费者。

3. 组织瘫痪

一家公司的管理者具有超前意识，早在2010年就成立专门部门，负责在各社交媒体网站上发布宣传方案。

然而，成立多年以来，这个部门一直在脸书、照片墙（Instagram）和推特上发布千篇一律、毫无新意的文字和图片。这家公司的代理商的员工纷纷抱怨，该部门所做的工作没有成效。然而，该部门中的员工却没有人愿意"抬头看一下",看看自己所做的工作是否有价值。可悲的是,他们被安排在那个部门做工作,他们也确实做了——即使毫无成效。

他们没有看到消费者对市场营销的反抗,因为他们只是待在办公隔间内,不去接触消费者。

随处都可以看到这种现象:许多营销人员无视消费者行为发生的巨大变化。

营销人员常常在参加培训,学习"销售,销售,销售"和"永远努力去成交"。

依靠传统营销,并坚信消费者会对厂家和产品表示忠诚,营销人员已经成功打造了许多品牌。

依靠整合营销技术,营销人员用较低的成本,提高了广告的覆盖面,并获得了升职加薪。

一些营销团队遵循几十年来流传下来的"规则",循规蹈矩,不敢越雷池半步。在许多公司,这种现象本身都已经是成功的象征。

营销人员把自己局限于上述营销战略,其背后的因素有很多,其中包括传统的代理关系、组织结构惰性、文化阻力等。

俄罗斯数字营销管理平台快营搜(SEMrush)全球营销总监奥尔加·安德里恩科(Olga Andrienko)表示:"在消费者旅程中,营销人员变得只聚焦于自己特定的角色。例如,他们或许只擅长于优化在线广告,或创造某一类型的内容。但是,他们没有将世界作为整体来看，因而无法正确看待消费者。他们的思维受到阻碍，只打算去优化他们所负责的某个营销渠道。"

市场研究、资讯和分析服务提供商尼尔森公司（Nielsen）公布的一组数据，对上文所描述的组织瘫痪现象进行了量化。该公司对年度营销支出不低于100万美元的品牌进行的调查表明，这些品牌决定营销预算的通用做法是，对上一年度的营销支出进行微调，然后得出今年的预算。

如果只是"碎步"调整，营销人员不可能跟上消费者反抗的步伐，想取得成功更无异于痴人说梦。

4. 营销指标舒适区

三分之二的市场营销已经被消费者掌控，明白这一点并愿意为之做出改变，意味着我们必须步入不熟悉的营销领地。不难想象，随之而来的将是焦虑不安、心烦意乱，尤其是当我们的市场营销指标脱离被广泛接受的指标和各个部门的商业智能仪表盘的时候。

田纳西大学商业分析和统计系副主任朱莉·费拉拉（Julie Ferrara）通过分析称："传统营销手段和新的消费者旅程之间有重叠的部分。消费者目前倾向于选择自己的消费旅程，并且能够从多个地方获取信息，其中包括传统广告和商业促销。因此，我们没有必要抛弃目前的做法。但是，我们需要重新思考成熟营销渠道的作用，并对这些渠道进行优化，以适应新的消费者环境。这样的话，在采用新的、衡量标准不太成熟的营销指标时，企业的感觉就会好一些。这是一场进化，需要有一个过程。"

在当今时代，企业如果想取得成功，就必须通过不断尝试和迭代，在消费者所掌控的"三分之二"的领地进行营销，并逐渐适应这种做法，甚至在营销指标不太明确的时候也是如此。这样做需要改变思维，我将在第十二章就这方面进行更多的讨论。

5. 科技给消费者行为带来巨大变化

消费者对市场营销的三次反抗，终结了营销中的谎言、"秘密"和控制。自20世纪50年代以来（从"懒虫"遥控器开始），给"反抗"赋能的一直是科学技术。当前，寻找产品、采购和运输的方法发生了变革。与历史上任何一个时代的消费者相比，因科技而被"超级赋能"的当代消费者，忠诚度更低，获取信息更全面，对公司和品牌的信任度也随之下降。

同时，科技也帮助我们更好地了解和发现自己。

随着我们根深蒂固的人性与新科技进行交融——包括我们此前永远不会想象到的、令人脑洞大开的体验——我们正在不断揭示不易察觉的人性偏好。我们不但正在更好地了解自己，而且正在学习如何借助科技去操纵那些偏好，虽然这么做的目的有好有坏。随着人机交流比以往任何时候都更加紧密，五年后，我们关于人类行为的观点将与现在大不相同。

企业管理者感到应付不来或无能为力的主要原因是，他们对科技进步感到担心，害怕自己被甩在后面。事实上，他们更应该对新的、已经发生巨大变化的"消费者现实"感到担心，因为这些现实使他们的营销战略陈旧过时。简而言之，企业和消费者的力量对比发生了逆转性的变化。

奥尔加·安德里恩科还表示："在营销行业，经验已经变成了一种负担，而其他很多行业还没有发生如此大的变化。然而，就市场营销而言，如果你不拥抱日新月异的变化，持续更新观念，你就可能一败涂地。十年前你在营销行业获得巨大成功，并不意味着你现在还能够再续辉煌。"

在上一章，我们了解到，市场营销的三分之二已经不被营销人员所掌控，掌控权已经落到了消费者手中。然而，即使在这种情况下，许多营销机构和营销人员的工作重点依然是优化现有模式，以及使用比较熟悉，但已陈旧过时的营销战略，而不是把注意力放在已经被消费者所掌握的那部分领域。要知道，只有在消费者所掌握的领域做工作，才能产生真正的变化。

在过去几年的时间里，我一直被这一问题所困扰。我打算开发一个框架系统，希望它能在令营销人员感到沮丧的时刻为他们带来希望。这是一个非常困难的营销问题，但我喜欢解决营销行业的难题！

我不断思索，最终，杰夫·贝佐斯（Jeff Bezos）①给了我灵感，让我的思维取得了突破。事实上，他也许拥有我们所渴望的答案。

🔊 像贝佐斯一样

零售业遭遇的业务冲击比其他任何行业都多，也更严重。然而，面对这种局面，亚马逊重塑了商业、消费者体验以及消费者互动的规则。

表面看来，亚马逊是颠覆性科技的宠儿。而事实上，亚马逊的真正创新在于，贝佐斯把注意力集中在了没有被颠覆的领域。

当然，亚马逊在电商、供应链和物流派送方面进行了大胆创新。不过，如果你仔细研究贝佐斯制定的战略核心，你就会有迥然不同的发现。这一点，贝佐斯在一次采访中已经进行了明确阐述。

"经常有人问我这样的问题：'未来10年将发生怎样的变化？'这是一个非常有趣的问题，"他表示，"从来没有人问我这样的问题：'未来10年内什么不会变化？'我认为第二个问题更重要，因为围绕着在一段时间内保持稳定的事情，你就可以建立有效的商业战略。"

"我知道，在零售业，消费者希望商品价格低，并且这一点在

---

① 杰夫·贝佐斯创办了全球最大的网上书店亚马逊（Amazon）。——编者注

10年内不会改变。消费者还希望商品选择范围广，配送快捷。很难想象未来会有这样的消费者——他走过来对我说：'杰夫，我喜爱亚马逊，我真希望其中商品价格稍高一点。'又或者：'我喜欢亚马逊，我真希望亚马逊的派送速度慢一些。'因此，我们目前为满足客户需求所付出的努力，10年后仍将为消费者带来利益。"

"当你知道这件事情是真实的，并且其真实性将长期存在时，你就愿意投入大量精力。"

像激光聚焦一样，贝佐斯的精力集中在人们热爱和希望的东西上面，而不是试图随波逐流，或者是利用新兴科技去建立新的商业模式。

亚马逊是最具颠覆性的公司之一，它的基石是屈指可数的、永恒的人类需求——低价、快速配送和选择多样化——而不是先进的无人机和算法。

科技并不创造人类的这些需求。恰恰相反，为了获得能满足这些需要的服务，人们创造了科技。

满足人类的需要，似乎是一条应对市场营销天翻地覆变化的有效途径。与其对持续的科技进步感到头晕目眩，倒不如以我们知道不会变化的事情为依托，打牢商业成功的基础，而那些不会变化的事情就是永恒的人类需求。打牢基础之后，我们再去研究这样的问题：如何利用科技去满足这些亘古不变的需求？

多年以来，消费者一直在反抗市场营销中的谎言、"秘密"和控制，原因是市场营销行业没有给他们提供他们一直想要的东西。

自动化程度最高的公司未必会赢得市场，最先进的技术未必会获胜，最精心设计的销售漏斗未必会赢得消费者。

只有人性营销才能留住商机！

下面，我将向大家阐述其中的原因。

◁» 营销是心理学、人类学和社会学的融合

我写这本书，缘起于两个人：美国营销学家菲利普·科特勒（Philip Kotler），以及我以前的上司吉姆·费里（Jim Ferry）。我在下文将要介绍的我的主要领悟和策略，均受到了他们两人的启发。

我的本科专业是新闻学，但在即将毕业的那一年，我去上了市场营销课。在这门课程上，我们使用的是科特勒撰写的权威教科书——《市场营销原理》（*Principles of Marketing*）。这本书深深吸引了我，使我废寝忘食。

被一本大学教科书吸引？你或许认为我当时是一个怪异的学生。是的，你说对了。但是，这是后话了。

使我感到痴迷的是，科特勒把市场营销描述为心理学、人类学和社会学的融合，如图2-1所示。

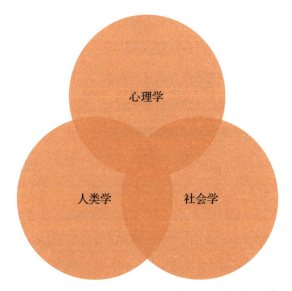

图2-1　市场营销是心理学、人类学和社会学的融合

这难道不是最奇妙的学科组合之一吗？市场营销，就是关乎人性的所有事物的融合。

我被深深吸引，于是就打算转专业。然而，非常不幸的是，我口袋里空空如也，没有能力再支付一年学费。所以，拿到新闻学学士学位后，我开始从事企业传播方面的工作。然而，市场营销这门学科以及科特勒的书籍，不但从未离我远去，而且一直是我关注的重点。

📦 消费者优先于科技

步入职场几年之后，我被提拔为公司位于美国印第安纳州一家工厂的公关经理。这家工厂是公司规模最大、盈利能力最强的工厂之一，专门为包装行业生产精心设计的专用材料，年产量数千吨。

这家工厂本身就像一座灯光闪烁的城市，占地0.8平方千米。同时，它还拥有令人骄傲的最新制造工艺。

当我第一次到厂内各个地方了解情况时，被一个大型施工工地惊呆了。当时，公司投资5000万美元建设厂房，准备利用公司内部开发的、在当时业界引起轰动的涂装技术生产一种全新产品。

我当时了解到，该产品的设想来自吉姆·费里，他是我们公司的一名营销经理。费里是我遇到过的最大胆、最激进的营销经理之一，他非常关注客户需求。他主持了这项价值数百万美元的科研项目，研究出了突破性的涂装技术。他希望这项技术能帮助客户提高生产效率、产品质量和成本优势。

公司在费里和他的设想上面下了大赌注。环视施工现场，我对非常现代化的生产设施感到惊叹。按照计划，厂房几周后即可完成施工，投产后将为200人提供薪酬可观的工作岗位。

费里的想法是，为公司创造新的利润增长点，为客户创造新的价值，以及为当地居民提供更多的就业机会。如果那就是市场营销的全部意义，我会竭尽全力！这也说明，我内心深处还是希望在营销上有所作为。

我还注意到，费里和他的团队借助科技的力量，为客户的基本商业目标服务。我们公司把科技放在首位，并在科技方面加大投资，是因为科技能够满足客户的特定需求。

而后不到一年的时间，我又被提拔为一个负责业务拓展的主管，赴洛杉矶任职。就这样，我终于开启了我的营销事业。幸运的是，费里是我的上司。我的工作任务是协助他，把他的包装理念推广到美国西海岸的各消费品公司。

当时，我很年轻，只是个初入职场的新人。所以，我做足了准备，决心向费里学习营销秘诀。

有一天，我突然想到了一个好主意。我当时的想法是，我们公司应该把瑕疵产品出售给二级市场。有时候，由于工人操作不当，会产生瑕疵产品，而我们公司会把这些不合格产品回炉。我想，为什么不把瑕疵产品卖给对质量要求不太高的客户呢？

我向费里汇报了我的想法。费里对我很有耐心，但不认同我的建议。他说："不，我们永远不会那么做，我们不卖瑕疵产品，只卖这个行业的最佳产品。如果我们的工人知道我们出售瑕疵产品，时间一长，他们就会懈怠，最终就会影响客户的满意度，并对客户造成不利影响。你很有想法，但营销部门必须不惜一切代价保护品牌和客户。我们所做的一切只有一个目标，那就是提升客户满意度，即使这样做在短期内会增加成本。"

正是这种坚定不移的领导力和对客户利益义无反顾的保护，使费里成为行业翘楚，帮助我们公司成为行业领军企业。某个科技趋势或许在短期内会带来利益，但费里头脑清晰，不会被迷惑。他有能力做赢利的事情，但这绝不意味着要以伤害客户利益作为前提。他确保我们做的每一件事情——以及我们不做的每一件事情——都符合我们对品牌的承诺。

💼 五项永恒的人类需求

关注永恒的人类需求，是我目前成为一名企业管理者的重要原因之一。同时，永恒的人类需求也是本书诸多理念的源泉。我始终认为，无论消费者和科技如何变化，"营销的一切关乎人性"这一观点永不过时。

注意到营销行业无处不在的困境之后，我开始思考目前很普遍的一个问题——为什么营销人员会无所适从、效率低下和越来越不被信任？在这个被消费者掌控的世界里，市场营销这一行业是否有变得可有可无甚至是灭亡的风险？

不，事情还不至于糟糕到这个地步。

我们需要采取措施，与永恒的人类需求再度连接起来，并让这些需求在这个"消费者反抗"的时代驱动我们的营销战略。科特勒和吉姆·费里的观念和故事，为"人性"营销战略打下了坚实的基础，其要点如下。

• 营销机构和营销人员需要利用科技为消费者提供服务，但不能滥用科技。

• 营销基本指导原则的基础是永恒的人类需求，而不是利用科技进行投机。

• 营销人员需要富于勇气，带头将上述原则付诸实践。即使机构内部人员不理解或不同意，也要坚持这么做。

●营销人员是品牌和消费者的保护者，即使牺牲短期利润也应在所不惜。

那么，在当今企业界压力日益加大的情况下，我们应如何实施上述要点？我们的起始点在哪里？

我花了几百个小时进行研究，并与来自营销代理商、创业公司以及全球知名公司（如戴尔公司、辉瑞生物制药公司、阿迪达斯和谷歌公司等）的几十位富有远见的商业领军人物进行了交流。经过交流和研究，我总结出了一些人性营销的基本战略。我认为，在可以预见的未来，它们将为营销行业提供驱动力。这些基本战略与五项永恒的人类需求紧密相连。

下面我将简单介绍一下这五项永恒的人类需求，具体内容我们还将在以后的章节里进一步讨论。

●*被爱的感觉*（第三章）：消费者忠诚度并没有消失，只是你目前的营销工作无法实现忠诚度。（一个拥抱或许能够改变一切。）

●*归属感*（第四章）：你会对一家公司有归属感吗？我们将通过观察手提电脑上的标签和贴纸来寻找答案。

●*保护自身利益*（第五章）：研究结果显示，消费者希望看到你给他们和他们的社群提供具体的价值。你不能仅"在"一座城市，你必须"成为"其中一员。

● **探寻意义**（第六章）：我们都很熟悉营销四要素——产品、价格、渠道和推广。然而，我们或许还需要第五个要素：目的。当你需要对有争议的事情表明立场才能维持竞争力的时候，会发生什么呢？

● **受到尊重**（第七章）：如果有公平的价值交换，消费者将愿意和你做交易。然而，在科技主导营销战略的时代，我们必须首先明白，公平的价值交换以及交易究竟意味着什么？此外，我们如何以真正尊重消费者的形式利用科技？

回望历史，科特勒的理念自始至终都非常正确。这五项需求与几十年前我从他的书籍中获得的内容相当一致。营销的一切关乎人性，这一点千真万确，毋庸置疑，如图2-2所示。

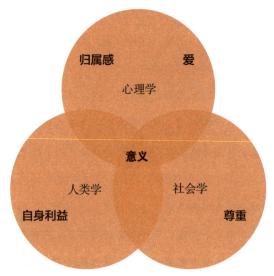

图2-2　营销的一切关乎人性

实际上，我们想要寻找的答案一直都在。这个答案就写在我前面提到过的几十年前营销学家科特勒写的一本教材中。

充满传奇色彩的科特勒曾在著名播客主持人道格拉斯·伯德特（Douglas Burdett）主持的知名播客"营销秘籍"（Marketing Book）的节目中表示，他非常赞同"消费者的第三次反抗"这一观点。他还作出了如下阐述。

"如果零售人员对我的到来表现得无动于衷，或者我去吃饭的餐厅毫无人情味——甚至服务员的笑容都是僵硬的——我不会对这些组织机构有任何亲近感，因为它们缺乏情感。"

"过去，我们通常把品牌当作满足需求的完美手段。然而，那么做的结果只能令民众感到失望。那么做只是在兜售虚幻的东西。我们传递的信息类似于——'拥有了这部豪车，您就能吸引帅哥美女，所以您一定要买'。这样的过度营销承诺，言过其实。"

"我们认为，只要把商品销售出去，就无须担心消费者的售后反应。这种观点是完全错误的。我们身处超级互联的世界，消费者是我们最重要的推销员，这一点我们绝不能视而不见。"

"在当今世界，人们特别需要真正的密切关系和消费体验。品牌需要更加人性化、更加真实，不要再去追求完美。'以人为本'的品牌应当将消费者视为朋友，融入他们的生活方式。品牌应当更人性化，容易使人接近、受人喜爱，甚至应该有脆弱性。"

当我还是个21岁小伙子的时候，是这位杰出的营销大师激励了我，让我下定决心投身于营销事业。几十年后，他仍不遗余力地影响着营销人员。

我们的消费者渴望"人与人"的联系，并且他们在营销方面已经处于掌控地位。因此，我们别无选择，只有专注于永恒的人类需求，开展人性营销。

消费者的第三次反抗已经日益临近，他们挥舞着巨大的旗帜，上面写着："尊重我！"

第二部分
把握消费者的需求

第三章
爱若不在，何谈忠诚？

当不信任到来时，爱就随之消失。

——爱尔兰谚语

我记得，当我正忙于一个令人兴奋的新项目，并把自己沉浸在关于消费者的最新研究中时，我偶然在埃森哲咨询公司（Accenture）发表的一份报告中看到了这样的一段话：

"我们的研究表明，消费者越来越倾向于对企图赢得他们忠诚度的公司做出负面反应。"

等一下！忠诚度遭到消费者的强烈抵制？可是，那可是我——一名营销行业的专业人士——在过去30多年几乎每一天都在努力获得的东西！我希望消费者对公司忠诚，那是我的工作！

然而，报告中提到的这种趋势已经不可避免。

● 麦肯锡发表评论称："越来越多的证据表明，消费者与许多品牌之间的纽带日益变得松散无力。不断涌现的新科技以及更大的选择范围，正在改变消费者在消费旅程方面的思维和行动。让我们感到吃惊的是，不但消费者忠诚度转瞬即逝，而且他们一旦决定'货比三家'，就经常转换品牌。企业若将过多的营销资金用于培养消费者的忠诚度，便会面临风险。"

● 全球消费趋势预测分析平台WGSN表示："我们的研究数据表明，品牌亲和力已经不是购买频率的直接促进因素……仅依靠过去的传统方法，零售商已经不可能持续把自己装进消费者的购物篮。"

● 科利尔战略咨询公司（Clear）的研究员伦达·希亚特（Rhonda Hiatt）发布报告称，50%的消费者不会对品牌宣传信以为真，32%的消费者则表示对品牌的不信任感上升。

● ……这种情况还将变得更糟。在千禧一代[①]后面出生的Z世代[②]，对品牌的忠诚度和信任感更低。

这让人感到彻头彻尾的沮丧。

也许，我最终竟然想吃下那颗"蓝色药丸"，以便对现实视而不见。

目前，对商界来讲，建立品牌忠诚度类似于现实生活中的确定恋爱关系，不过分手似乎不可避免。

下一步将会发生什么？当然，科技将进一步强化"货比三家"的购物模式，该模式是消费者反抗的重要标志之一。我们已经无法

[①] 千禧一代指出生于20世纪80年代初至2000年的人。——编者注

[②] Z世代指出生于20世纪90年代中期至2010年的人。——编者注

把这个小精灵①重新放入油灯。然而，在那份令人沮丧的麦肯锡报告中，有一条重要提示，指出了或许仍在我们控制范围之内的东西：
"如果消费者对品牌没有感情依附，他们就会抛弃产品。"

那么，我们怎么才能重新从消费者那里获得感情依附呢？下面，让我们看一下我们能够做些什么。

💼 爱与品牌之间存在什么关系

就选择连锁酒店而言，我绝对是一名"货比三家"的顾客。很多酒店对我来说都大同小异。通常，我在外出演讲或提供咨询服务时，选择酒店的标准很简单，那就是哪家近选哪家。

但是，我在新泽西州的新布朗斯维克市（New Brunswick）选择酒店时，有特别的偏好。每次我去罗格斯大学（Rutgers University）新布朗斯维克分校授课时，我只选择凯悦酒店（Hyatt），因为那家酒店的前台工作人员泰利·奥利韦拉（Terry Olivera）女士跟我很熟。她一头银色短发，灿烂的笑容始终挂在脸上。每次我一走进大厅，她就会喊道："舍费尔先生，欢迎您！"

某年年底，我全年的最后一次出差旅行接二连三遇到麻烦。当时，圣诞节即将来临。暴风雪严重耽搁了我的行程：在航班上，坐在我旁边的是个生病的儿童，一路哭闹不止。开往新布朗斯维克

---

① 原文为 Genie，指精灵，阿拉伯故事中，尤指油灯里的杰尼。此处意为"货比三家"的消费模式已不可避免。——译者注

市的火车，也因为寒冷恶劣的天气而晚点。当我摇摇晃晃地从地铁站赶往酒店时，新泽西州灰色的雪泥很快灌满了我的鞋子。天色已晚，我又冷又饿，精疲力竭。

看到我跌跌撞撞走进酒店大堂，奥利韦拉一眼就看出来，我那一天的旅行一定非常不顺。进入客房后，我发现房间内摆放了一盘水果及少许奶酪，还有一瓶葡萄酒，旁边放着奥利韦拉写的一张字条。字条上写着她对我的祝福，她希望我心情会好一些，这令我感动不已。由于行程被耽搁，我没有时间吃晚饭，水果、奶酪和葡萄酒，就成了我的晚餐。对此，我心中感激不已。

第二天我办完退房手续后，奥利韦拉从前台的桌子后面走出来，给了我一个拥抱，向我道别。我不知道是否每个人都认为这是合适的举动，但我确实太需要那个拥抱了。

实际上，奥利韦拉对我的真切同情令我心存感激，难以忘怀。于是，我写了一篇博客发到了网上，标题为"我是如何被一个品牌紧紧拥抱的"。当今，很多酒店给人的印象千篇一律。然而，那个简单的拥抱，是人与人之间真正情感上的联结，令我感到释然，因此我决定在网络上传播这件事情。

那篇博客迅速走红网络，凯悦酒店甚至在公司网站上将其隆重推出。第二天，奥利韦拉在家中接到电话，让她梳妆打扮一番后立即赶往酒店。当她到酒店后，酒店总裁向她表达了亲切问候，并对她的工作表示感激和赞赏。几个月之后，奥利韦拉被该酒店评为年度最佳员工。现在，凯悦酒店在培训新员工时，把我那篇博客文章当成案例分析材料。（我甚至连一个免费早餐都没有得到，但这是后话了。）

事实上，我们不会去爱某个品牌标识、某句广告语或某篇品牌推文，但是，我们会去爱一个人。对于由于消费者忠诚度缺失而不知所措的品牌营销人员而言，这就是重新赢得消费者忠诚度的起始点。

🔊 品牌的人性化

一些品牌在几十年内投入数百万美元，打造小丑、蜥蜴等各种吉祥物，让民众对那些可爱的吉祥物产生依附感。因此，这些品牌已经人性化，至少已经具有了独特的个性。以下举例说明。

- 麦当劳叔叔是快餐连锁店麦当劳的代言人，惹人喜爱。
- 美国政府员工保险公司（Geico）的广告上有一只可爱的壁虎，该公司希望借助这只吉祥物让民众对公司产品留下深刻印象。
- 有一次，我在波兰做演讲，期间我询问听众，当我说"可口可乐"时，映入他们脑海的是什么。话音刚落，马上就有人大喊："北极熊！"[1]所以，即使在波兰，人们也认为北极熊喝可乐！

研究表明，消费者对品牌产生依附感的方式，与他们对朋友产

---

[1] 罐装可口可乐的广告形象曾是北极熊。——译者注

生依附感的方式雷同。普林斯顿大学的研究员克里斯·马龙（Chris Malone）和苏珊·菲斯克（Susan T. Fisk）在他们合著的《人性化品牌》（The Human Brand）一书中写道："品牌亦是人。每一家公司实际上都是一个组织（拥有可以产生收入的资产）。作为消费者，我们把公司的行为看作带有目的和意志的，正如我们看待其他人的行为一样。"

这两位作者还认为，人们在相互判断时，会秉持两个基本要素——亲和力和竞争力，人们和品牌建立关系时，也是如此。事实上，这两个要素在人们判断公司和品牌时是如此重要，以至于在购买意向、忠诚度以及是否愿意向他人推荐方面，它们所起的作用接近50%。

在亲和力和竞争力这两方面得分较高的品牌包括强生（Johnson & Johnson）、好时（Hershey's）以及可口可乐。这说明，可口可乐的北极熊广告得到了回报!

人们把品牌当作人的替身，把公司标识看作人的脸，并把公司等同于社会团体。因此，我们所期待的与公司的互动方式，与我们和其他人之间的互动方式雷同。

这里有一个坏消息和一个好消息。

坏消息是，我们中的大多数人没有数百万美元的资金，也没有数十年的时间把我们的品牌打造成一个散发着亲和力和竞争力的"名人"。

好消息是，消费者期待更真实和更有个性的东西。就满足消费者的这一个需求而言，任何公司，无论资金实力如何，都有可能成功。我们只需要展示自己的风采就足够了。

一位喜爱我博客的朋友在给我的留言中写道："我是一名公共关系专业人士，但我仍然不能准确理解'品牌关系'这个概念。'关系'这个词，我是为人保留的。我是说，那些与我交流的有血有肉的人。我有几个非常喜欢的品牌，但那些品牌的工作人员当中，没有一个人像生活中的朋友那样称呼我。我喜欢那些品牌——我甚至可以被看作他们的积极支持者。但是，那些公司的员工除了给我发过邮件之外，没有尝试过和我建立关系。我很疑惑，品牌关系确实存在吗？"

这位朋友说的非常正确，与人建立关系比与品牌建立关系容易得多。如果说让民众喜爱你的公司非常困难，那么让他们喜爱你公司的人就简单一些。再多的广告也不能让我不选择凯悦酒店，我选择这家酒店是因为人。我与位于新布朗斯维克市拉里滕河（Raritan River）岸边钢筋水泥的建筑物没有任何情感联系，但我和奥利韦拉就有，我们现在已经是脸书上的好友了。

亚伦·卡迈克尔（Aaron Carmichael）在年仅26岁时就已经是亚特兰大的一颗冉冉升起的营销明星。他曾经告诉我，在他看来，人就是品牌。

"我信任那些创始人的价值观得到体现的公司。我对某些品牌的喜爱是有原因的。对我来说，它们代表什么，并且我会让它们负责，这和我对朋友的态度是一样的。如果我的朋友做了不尊重我的事情，或者在某些事情上待我不公，我希望他们改正。"

"其实，我不是对品牌忠诚，我是对人忠诚。"

这就是消费者第三次反抗的基本观点，但这对我们的公司有什么影响呢？有没有可能据此创造一套营销战略，围绕着对人的印象而不是对广告的印象去进行市场营销？可以确信的是，这是一条新思路。并且，已经有人将其付诸实施。

◁)) 提升"人性印象"

有一次，我帮助阿迪达斯公司的一个新业务部门制定数字营销战略。由于这个部门的人员进入特定体育商品领域的时间较晚，我必须帮助他们迎头赶上。那是一件非常困难的工作，可以说是我职业生涯中遇到的最富有挑战性的工作之一，因为他们的竞争对手比他们早三年进入这一领域，并且已经牢牢占据了市场。

我们知道，热爱体育运动的人们崇拜他们的偶像——穿偶像的服装、观看他们的视频并学习他们的动作——这个细分市场也不例外。阿迪达斯及其竞争对手都和许多受人喜爱的体育明星签订了品牌代言合同。我对这些签约体育明星的社交媒体动态进行了研究，并给他们的宣传效果打分。在这个过程中，我有了一个令人震惊的发现：所有阿迪达斯竞争对手的代言明星得分都很高——他们的工作非常出色，经常借助照片墙、色拉布（Snapchat）[1]和油管等平台，以非常人性化的方式谈论品牌故事。相比而言，阿迪达斯的代言明星得分都非常低。

但有一人例外。

与阿迪达斯签约的女子攀岩运动员萨沙·底格里安 （Sasha DiGiulian）非常了不起，她的社交媒体宣传得分相当高，甚至比阿迪达斯竞争对手的代言人得分还要高！这是怎么回事？我们调查后的结论是，阿迪达斯竞争对手的代言人都接受过社交媒体宣传和个人品牌建设的正规培训。然而，阿迪达斯却没有对自己的品牌代言人进行过任何相关的训练。底格里安与阿迪达斯的其他代言人不同的是，她同时还是红牛公司（Red Bull）的代言人，在红牛公司学习过如何打造有深度、有效率的社交媒体形象。

问题迎刃而解。经过专业培训以及一些后续的跟踪指导，阿迪达斯公司代言人的整体分数快速上升，达到了竞争对手的水平，甚至在有些指标上还超过了他们。

我们并没有企盼让阿迪达斯的代言人去迎合公司标准，那样做只会导致彻头彻尾的失败。我们只是告诉他们，如何更有效地在社交媒体上展现自己的真实形象，并且在展现自己魅力的同时更加重视意图、一致性和影响范围。这样做的结果是，每个代言人都获得

---

[1] 一款照片分享应用程序。——编者注

了切实有效的帮助。

🔊 互动而不是游说

如果我们把这种模式引入我们自己的公司，会有什么结果呢？目前，借助有效的社交媒体互动进行宣传，对公司而言是基本的生存技能。如果对更多的员工进行这方面的培训（就像阿迪达斯的明星代言人一样），我们的公司效益难道不会更好吗？难道我们的员工不会像那些体育明星一样，自然而然地在个人生活中自豪地讲述和展现公司的故事吗？

缺乏情感联结会导致消费者缺乏忠诚度（如同麦肯锡和其他机构的研究发现的那样）。那么有没有可能通过提升信心和释放热情，帮助那些最爱我们的人——我们的员工——去和消费者建立情感纽带？这是一条合乎逻辑的道路，有利于提升"人性印象"并获得成功。

我想明确指出的是，我所建议的提升社交媒体宣传有效性的培训，与传统的"员工游说"项目截然不同。大部分这样的培训，目的是将公司的相关内容提供给员工，让他们在社交媒体上进行展示。有些这样的项目还推出排行榜，对分享最多的员工进行奖励，其实这么做反而显得"游戏化"。

关于这些项目的实际效果，我没有找到任何可靠、独立的研究结论。不足为奇的是，那些推出"员工游说"项目及相应软件程序的公司，都声称它们的项目大获成功。然而，这些公司内部员工的叙述与公司的官方宣传迥然不同。以下是一名全球知名大公司员工的讲述，很有代表性。

　　"最有效的宣传公司的方法，是谈论我工作时所做的事情，以吸引人们的注意。在我过去就职的那家公司，由于人们对我们的产品感兴趣，我确实卖出了不少产品。然而，我新加入的这家公司，却坚持让员工参加游戏化的'员工游说'项目。那是一个市场营销项目，但该项目与真正的人与人之间的关系和现实状况脱节——项目参与者分享了公司相关内容，却对这些内容没有任何思考。他们的想法是，只要能拿高分和奖励就行。这家公司把注意力集中在影响范围和表面印象上面，但这样做实际上是在鼓励员工做错误的事情，因为这样做时与消费者并没有真实的互动。这个项目对品牌的危害，甚至比什么都不做还要大。"

　　领英公司的一份研究报告称，在一家普通的公司，只有3%的员工在社交媒体上分享与公司相关的内容。然而，30%的对公司内容的点赞、转发和评论，是由这部分人的分享带来的。

　　那么，如果我们采取一种不同的途径，即通过提升员工技能和个人品牌的方式，向他们提供真实的价值并同时提升公司的品牌形象，会有什么结果呢？

🔊 个人品牌与公司品牌

我的一个客户就是采取了这种途径。这家位于硅谷的科技巨头所担心的是，公司内部的创新传统和活力，将会落后于诸如脸书、谷歌和苹果等更加引人注目的公司。这家公司前途无量，发展前景和公司氛围都十分令员工满意。但是，如何将这些信息广而告之呢？

他们认为，公司的亮点永远不会来自广告或者公共关系宣传活动，必须来自亲身了解公司的人们，也就是公司的员工。让员工亲自讲述职场的美妙之处，要比公关部门去宣传更高效，也更容易使人信服。

"个人品牌"这一概念是由管理学大师汤姆·彼得斯（Tom Peters）提出的。1997年，他在《快公司》杂志（*Fast Company*）上发表的名为《你就是品牌》（*The Brand Called You*）的文章中首次使用了这个名词。当时，"生活方式"营销崭露头角。他写道："各类产品的厂家都在思考，如何借助生活方式进行营销，超越产品类别的狭窄界限，从而打造出公众热烈谈论的品牌。"

彼得斯准确地预见到，人们将会把自己当成独一无二的品牌。由于互联网使我们隐藏在头像之后，同时也让我们变得千篇一律——我们发出的只是存储在设备里的相同信息——因此，我们希望探寻挣脱束缚的方法，变得与众不同。

不幸的是，"个人品牌塑造"已经与一些华而不实的网红和一些夸夸其谈的人联系在一起，他们鼓动人们去"跟随他们的梦想"。然而，在网络上发出独一无二的声音，建立竞争优势、存在感和荣誉，对每一名商界人士都很重要。对每一家品牌来讲，也是如此。

为了提高公司知名度，我的一家科技公司客户邀请我对他们的员工进行培训。学员是自愿参加培训的员工，培训内容是如何塑造个人品牌，培训程序按照我所撰写的《为人所知》（*KNOWN*）一书上介绍的切实有效的程序进行。培训程序如下。

- 找准"独特之处"——你希望自己在哪方面为人所知？
- 界定空间——找到专属空间，讲述你的故事；
- 创造有效内容，传递信息；
- 建立有实际行动的客户群体。

在首次培训课上，我们发现一名年轻的女子经常发博文，讲述人们为了社会公益而使用我们公司技术的故事。这家公司竟然没有一个人知道她做的这件事情！

想象一下，对科技人士而言，与在足球比赛直播时播放的广告或者在公司博客上发的帖子相比，这位女士的博文的可信度要高多少？

如果公司支持她，对她进行培训，并帮助她把信息传遍网络，她的信息传播范围能宽广到什么程度？能影响多少人？

在随后的一段时间内，我们对希望打造个人品牌的员工进行了培训和支持。他们中的一些人希望这次培训有助于他们著书、从事演讲事业，或者升职加薪。这些都不是问题，因为员工把自己的利益当作学习的驱动力，这很正常，无须大惊小怪。不过，我们确信，他们愿意依靠自己的力量对公司进行正面宣传。事实证明，他们确实那样做了。

我的这个客户甚至为个人博客网站提供资金，并且不附加任何条件。虽然并不是每个员工都获得了成功（打造个人品牌需要时间），但有些员工的成功引人注目。有一位公司领导的博客甚至被《哈佛商业评论》（*Harvard Business Review*）杂志收录。还有一位女士由于博文见解独到，被邀请到一个著名的行业峰会上发表演讲。

这种事情有助于这个B2B[①]品牌吗？提升个人品牌有助于促进该公司的销量吗？

和我一样，我的这个客户相信，如果公司员工的文章刊登到了《哈佛商业评论》上面，或者员工能够在行业峰会上登上演讲台，对台下1000名潜在的客户发表演讲——而公司的竞争对手没有这样的机会——那么随着时间的推移，获胜的终将是我们。我们的信息传播了出去，"人性印象"就会日积月累，因而营销效果要比任何广告或者新闻发布会更加强有力、高效和持久。

[①] B2B 是 "Business-to-Business" 的缩写，是指企业与企业之间通过专用网络或互联网，进行数据信息的交换、传递，开展交易活动的商业模式。——译者注

另外一家鼓励员工打造个人品牌的公司是梅西百货公司（Macy's）。这家公司之所以这样做，理由非常实际——名人代言价格高昂以及照片墙的一些网红不甚可靠，会令公司的营销人员疲惫不堪。

梅西百货公司挑选员工来打造网红的方法是，发起名为"风采员工"的项目，鼓励员工担任公司的线上品牌大使。通过支持公司自己打造的网红，梅西百货公司能够更有效地衡量影响范围，并且使公司免受不当评论和明星丑闻的伤害。

梅西百货公司总部位于美国辛辛那提市。总部的一位行政经理坎迪斯·布莱恩特（Candace Bryant）已经成为名副其实的社交媒体达人。她热情而富有魅力，经常鼓励同事花时间提升自身形象。在一段自拍视频中，她通过一名同事的一段辛酸往事，告知人们如何克服自我否定，增强自信。这个故事令许多人受益匪浅。

就提升"人性印象"、建立真正的情感联结而言，类似上文这种由员工亲身经历构成的内容，经常可以取得良好效果。但是，这些真实的内容却常常被忽略，这一点需要我们高度重视。下面，让我们继续讨论，进一步了解建立情感联结的其他方法。

🔊 持续的考虑周期与对话风暴

我担任企业高级销售负责人超过10年时间。然而，当我在一家知名咨询公司的研究报告中看到下面的建议时，我大吃一惊，差点从椅子上跌落下来。

"企业应当削减在达成销售和提升忠诚度方面的投资。虽然许多营销人员强调，给予消费者销售刺激和奖励非常重要，但这些做法在刺激消费者购买意向方面的效果很差，回报越来越低。"

当你认为消费者的反抗不可能愈演愈烈的时候，我们被告知，要削减在达成销售和提升忠诚度方面的支出，这与我们几个世纪以来的信条背道而驰！

但如果你审视一下数据，就会明白其中的道理。那份研究报告指出，在众多行业中，平均仅有13%的消费者对品牌有忠诚度。在诸如服装、化妆品和金融服务等行业，消费者的忠诚度更低。在汽车和保险等少数行业，忠诚度会稍高一些。但是，就各行业的平均值而言，足足有87%的消费者选择货比三家。忠诚度高的消费者占比较少，如图3-1所示。

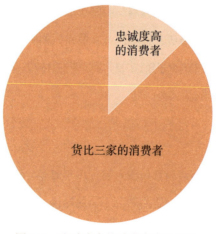

图3-1　忠诚度高的消费者占比较少

在过去，我们常常根据销售漏斗思考销售业务。而现在，最好思考一下如何应对消费者不断重复"持续的考虑周期"的行为，即：消费者即使这次选择购买了某个品牌的产品，也并不一定会把该品牌列为"备选品牌"，下次需要购买同类产品时，消费者还会重复"了解、考虑和购买"的过程。因此，企业需要持续地与消费者进行"风暴式"的、大量的对话，以便产品能够进入消费者的考虑周期。

消费者的忠诚度低，意味着公司营销的重点在于要不断增强消费者对产品的认知，引领货比三家的消费者考虑购买本公司的产品。需要强调的是，我们需要依靠我们的消费者去帮助创造这种意识。

消费者旅程不是归企业所有，而是归消费者所有。营销所需要做的新工作是，帮助消费者把企业的故事代入"对话风暴"。

谷歌公司证实了销售漏斗的终结。谷歌对消费者旅程的大量数据进行了分析，结果发现，没有任何两个旅程完全一样。事实上，即使在同一行业，消费者旅程也不尽相同。人们不会像以前那样，在了解、考虑和购买之间画直线，而是用独特和不可预知的方法，扩大或者缩小他们的"考虑组"。

我的公司业务规模不是很大，但我也能从经营中意识到这一点。在过去几个月中，每当有人邀请我到他们组织的活动中发表演讲时，我都会询问他们是如何找到我的。每个人的回答都不一样！即使身处小企业，我也在考虑，我有没有可能影响所有的客户。

显然，这是不可能的。但是，我明白，我必须做的事情是，持续发起和客户的对话，以便让我留存在他们的"考虑组"当中。

🔊 在忠诚度缺失的世界中赢得商机

看待这个新的"考虑周期"时有一个很有趣的视角，那就是"市场即对话"。

这是一个非常有洞察力的视角，具有先见之明，但这句名言不是我首创的。1999年，由多人合著的图书《线车宣言》（*The Cluetrain Manifesto*）首次提出了这种说法。这本书准确预测出了"消费者的第三次反抗"。这本书的结论是，传统的营销方式将被淘汰，取而代之的是在线与消费者对话。

这本书后来成为畅销书。作者们一致认为，品牌在线对话"自然、开放、诚实、直接、有趣，还经常出乎意料"。无论是解释还是抱怨，是戏谑抑或严肃，人们的声音总是真实的，无法造假。然而，大多数公司只是重复谈论公司愿景、服务承诺，在电话占线时对客户说"您的电话很重要"。这种做法敷衍、单调，不但毫无幽默感，而且往往是老调重弹，充满谎言。因此，互联互通的市场对那些不知道或不愿意真诚对话的公司毫无敬意，也就不足为奇了。

这本畅销书中写道："学会用真诚的声音对话，并不是投机取巧的小伎俩。只会口头承诺'倾听客户需求'的公司不会赢得人们的信任。只有让人们通过讲述自己的故事为公司发声，才能变得富有人情味。"

事实上，这样的事情正在发生。许多研究表明，与公司所创造的宣传内容相比，公司通过消费者真实的故事传递的品牌内容，更容易吸引消费者的注意力，后者的互动次数是前者的6~7倍。事实证明，人还是信任人。

在这个混乱嘈杂的新世界，我们虽然身处困境，但还是有一线希望。过去，我们会收集包裹邮寄地址、电子邮件地址和电话号码，希望提高找到潜在客户的概率。然而，如果你听从我的建议，把精力集中在讲述人文故事上面，你将会很快在受众中找到客户，即使这些受众中的许多人此前从来没有接触过你的产品和服务。

因此，我们必须做出调整。我认为，要应对这个消费者忠诚度日益下降的局面，需要秉持以下3条基本策略。

（1）倍加珍惜13%的忠诚消费者。为他们提供帮助，让他们成为你品牌的"推荐发动机"。对不想建立关系的消费者，请不要再用无休止的邮件或复杂的忠诚度项目对他们进行狂轰滥炸。要对忠诚的消费者表达欣赏、给予奖励。你需要问一下自己，你知道这些忠诚消费者的名字吗？

（2）对营销活动进行优先权排序，确保消费者在考虑购买商品时，你的商品是其优先考虑的品牌之一。初期就进入"考虑组"的品牌，与在决策历程后期才被考虑购买的品牌相比，最终成交率至少翻倍。

（3）注重销售之后由消费者发起的营销活动，包括推荐、对话、社交媒体帖子、介绍和评价。这些活动能够建立或摧毁消费者与你品牌的情感联结。麦肯锡的研究表明，消费者的这些行为能够驱动三分之二的销售。

那么，我们怎么才能挖掘和利用上述策略，加入这个"考虑周期"呢？在本书的后续部分，我们将探索有效的方法，其中包括第九章将要讲述的针对性策略。然而，在这里，我想先讲一个故事。这是我最喜爱的故事之一，它证明，提升"人性印象"几乎在任何行业都行之有效。

🔊 无聊产品、爱与感动

我之所以在本章的最后部分讲述这个故事，是为了激励那些认为自己售卖的商品无聊透顶、毫无吸引力的营销人员。让我拿扫描电子显微镜来举例吧。你看到过美国《国家地理》（*National Geographic*）杂志上刊登的高清特写图片吧？例如那些昆虫特写、花粉和其他事物的图片。扫描电子显微镜就是用来拍摄那些图片的。当然，它在科学和医学领域还有许多其他用途。

按照我本人创立的"舍费尔商品吸引力指标"（Schaefer Sexy Scale），体积庞大的扫描电子显微镜得分为3.2，仅排在打印机墨盒之前，吸引力比较差。然而，通用电气医疗集团生命科学部（GE Healthcare Life Science）却创造了令人赞叹的B2B营销成功案例，方法是让消费者成为品牌故事的主人公，并建立起以爱为纽带的情感联结。

通用电气医疗集团生命科学部举办了一场摄影比赛，邀请客户（来自全球的科学家）从用这款产品制作的照片中挑选出他们最喜欢的照片，然后寄送给比赛组委会。在收到的参赛作品中，有几十件简直就是小型的艺术品。

最终，通用电气医疗集团生命科学部选出了获奖照片，并邀请获奖人赴位于纽约的总部进行庆祝。这些科学家用户到了纽约才知道，庆祝活动绝不仅包括颁奖仪式和晚宴。

通用电气医疗集团生命科学部的团队将这些科学家带到了纽约时代广场。团队人员随行拍摄，并让科学家们抬起头向上看。科学家们看到，在与大楼一样高的硕大电子屏幕上，正在展示他们的获奖照片。看到这一场景，他们的惊喜之情溢于言表，有的人甚至流下了热泪，场面非常真挚感人。

这是一个美妙的故事，在那动人的瞬间，普通变得卓越，平凡升华为光荣。

我非常喜欢上述案例研究，原因主要有以下几点。

● 这个案例讲述的是真实的人文故事，不是吗？那些科学家是这个故事的主人公。

● 这个项目依靠人与人的情感联结创造了感人的情感反应。这种反应意义深远，我相信，五年之后我将仍然能够清晰地记得这个故事。这次活动的重点是，通用电气医疗集团生命科学部独具匠心，让公司的客户流下了喜悦的泪水。

● 通过组织这场令人难忘的活动，通用电气医疗集团生命科学部不但加强了人与人之间的情感纽带，而且还推销了产品。可以想象，那些科学家在抬头仰望夜空时脑海里在想些什么。他们一定在想："有人注意到了我。"

● 通用电气医疗集团生命科学部通过讲述一个有创意的故事，宣传了本来十分枯燥的B2B产品。科学家和工程师同样是人类大家庭中的成员，我们应该展示他们的柔情，并建立人与人之间广泛的情感联结。

通用电气医疗集团生命科学部的上述活动取得成绩了吗？

这个案例很精彩，但它并没有告诉我们如何衡量其效果。

显然，这是一个通用电气医疗集团生命科学部的宣传片，所以我不知道这次活动是否卖出了一部扫描电子显微镜。然而，从长远来看，这次摄影比赛活动或许已经实现了宏大的目标。对当今的市场营销而言，我们的最大期望就是与人们建立情感联结，让人们逐步了解和信任公司产品，愿意与公司展开对话，并把公司产品纳入"考虑组"。要知道，我们的目标是建立情感联结，并且借助这种情感联结在消费者中间传递我们的故事。

通用电气医疗集团生命科学部的客户当时流下了喜悦的泪水。

我敢保证，那些科学家将永远不会忘记那天晚上在时代广场的经历。对于我来讲，虽然很遗憾我当时并不在场，但我也绝不会忘记这个场景，因为我被深深打动了。如果我们现在能采访那些客户，我相信，许多人将会用"爱"这个词来描述当时的感受。他们会觉得，通过这场别出心裁、加强情感联结的活动，他们已经成为通用电气医疗集团生命科学部的一员。通用电气医疗集团生命科学部也许无法对活动效果进行直接衡量，无法把它和未来的销售联系在一起。然而，毫无疑问，通用电气医疗集团生命科学部创造了在未来许多年都会被人们津津乐道的故事，并把公司产品纳入了人们的考虑周期。

任务圆满完成!

我的忠告是，请不要以你所处的行业作为借口。即使身处金融或工程等行业，也不意味着你只能让人感到无聊。金融分析师工程师同样喜欢有趣、令人愉快的内容和体验。无论行业如何，如果在无聊和有趣之间进行选择，没有人会选择无聊。

我希望传达的主要信息是：不要与消费者的反抗为敌。在这个营销被消费者占据的世界，你应该如何调整？为了建立情感联结并把产品纳入消费者的考虑周期，你应该做些什么？

在下一章，我们将讨论归属感。在这个"后忠诚度"时代，归属感是能够为我们创造机会的另外一个永恒的人类需求。

第四章
归属感：人类最大的需求之一

我既十分渴望获得归属感，又对它表示怀疑，这是我人生的根本困境。

——裘帕·拉希莉（Jhumpa Lahiri）

美国当代作家，普利策文学奖获得者

研究发现，甲壳虫乐队（Beatles）所唱的"你所需要的只是爱"（All You Need Is Love）是对的，至少哈佛大学的研究得出了这样的结论。

哈佛大学的研究人员正在进行历史上持续时间最长的关于人类健康的研究。他们的研究对象是同一组人群，研究已经持续了80多年。从1938年起，这些研究人员持续跟踪研究对象错综复杂的生活，记录了他们的身体、心理健康状况，以及就业、家庭、教育、经济、娱乐、人际关系和其他方面的详细信息。

通过对这组人群整个人生历程的研究，研究人员希望能够找到一些规律，总结出哪些因素可以让人们长寿和获得高质量的生活。

经过几十年的研究并投入数百万美元之后，哈佛大学的研究人员发现，"甲壳虫乐队"所唱的是对的，因为这支乐队的一支名曲的名称为"你所需要的只是爱"。

是的，你所需要的是爱，是归属感。

长期满足并不来自金钱、地位或物质。那些最幸福、最健康的人们通常都有很好的人际关系。而那些孤独的人们，随着年龄的增长，身体健康和心理健康状况下降较快。该研究的现任负责人罗伯特·瓦尔丁格（Robert Waldinger）在TED[①]发表演讲时分享了这一研究成果。该演讲视频的点击量高达几百万次。他的结论是："孤独可以使人丧命。"

该研究认为，人类的最大需求是：归属感。

然而，糟糕的是，我们越来越缺乏归属感。

🔊 孤独上升为危机

从表面上来看，在当今世界，任何人都不应该有感到孤独的理由，因为我们获得的人与人之间联结的机会比历史上任何时候都要多。互联网一天24小时运转，只要有网络，只需轻点鼠标，我们就可以和其他人建立联系，不是吗？

错！用互联网代替人与人之间的互动，并没有减少孤独、抑郁和其他严重的健康问题。恰恰相反，此类问题反而增多。

---

① TED 指技术（Technology）、娱乐（ Entertainment ）、设计（ Design）的英语首字母的缩写，是美国的一家私有非营利机构。——编者注

自1985年以来，加利福尼亚大学洛杉矶分校一直对该校新生的心理压力水平进行持续的调查和跟踪。研究结果显示，报告自己"感到精神崩溃"的学生，比例从1985年的18%猛增至近年来一次调查时的41%，非常令人震惊。此外，这一比例的上升不仅存在于美国，一项在237个国家进行的研究得出的结论同样如此。

大多数科学家认为，出现上述问题的原因有：一是青少年对社交媒体和数字科技的依赖性日益增强；二是真正的人与人的情感联结大幅下降。

大量证据表明，几十年来，人际关系质量持续下降。数据显示，在20世纪80年代，20%的美国人称他们经常感到孤独，目前这一比例攀升至40%。有研究表明，孤独感像流行病一样充斥着职场，导致员工业绩下降，对工作单位的责任感降低。更为糟糕的是，个人的孤独感甚至还影响了其工作伙伴的业绩表现。

新的研究表明，英国有900多万人饱受孤独的袭扰，英国首相不得不设立了一个新的职位——孤独大臣。

说到这里，你也许会问，这和我以及我的公司有什么关系呢？我想说，也许有很大关系。

让我们从纯粹的商业角度来审视这个问题。目前，人们非常渴望获得归属感，但却求之不得。这是一个未被满足的重大的人类需求。事实上，由于归属感得不到满足，这种需求已经上升为一场危机。

公司能够帮助消费者获得归属感吗？

答案是肯定的。

📋 百事可乐开先河

20世纪60年代，百事可乐公司陷入了一场危机，因为其销量大约仅有可口可乐公司的六分之一。伴随着铺天盖地的广告，可口可乐公司当时在市场上无可匹敌。可口可乐公司用广告告诉消费者，可口可乐饮料代表了美国社会生活中所有美好和健康的东西，如圣诞老人、海滩上笑容满怀的家人和棒球。

1963年，百事可乐公司聘用阿兰·波塔什（Alan Pottasch）担任广告总监，以应对经营危机。波塔什所面临的是在他那个时代最艰巨的营销挑战，因为他必须重塑品牌，与历史上最成功的品牌之一展开竞争。要知道，可口可乐当时在每个方面的投入都要高于百事可乐。

波塔什认为，如果仅靠谈论产品，他没有获胜的机会。因此，他决定把重点放在谈论消费者上面。吴修铭在《注意力经济：如何把大众的注意力变成生意》（*The Attention Merchants*）一书中写道："波塔什的诀窍是，营销时不提及百事可乐的内在品质，而是重点描绘购买或准备购买百事可乐的消费者形象。"

于是，百事可乐公司首开先河，历史上第一次在推销产品时倡导社群意识和归属感，而不是介绍产品特色。百事可乐公司倡导培养崭新一代的忠实客户社群。这崭新的一代被称为"百事可乐一代"（Pepsi Generation），他们希望摆脱可口可乐公司长期的、操纵性的信息和理念。

事实上，"百事可乐一代"这一主张在20世纪60年代这一重要历史时期是具有颠覆性的。在那个动荡不安的年代，"百事可乐一代"的这代人对超越过去的渴望强烈，他们希望摆脱消费主义的思维模式，并获得真正独立的思想。百事可乐公司给这一代人传递的核心信息是："您属于我们。"

决心让一款软饮料赢得了一代人的青睐，这需要过人的勇气和胆量。令人欣慰的是，事实证明，百事可乐公司的营销行之有效，大获成功，在软饮料市场里成为强有力的竞争者。

可以说，"百事可乐一代"的消费者不是在寻找新饮料，而是在寻找自己的归属之地。

就这样，一种全新的营销方式闪亮登场，并产生了深远影响。下面，我将分享一些通过帮助客户获得归属感而获得成功的经典案例。

💼 卓越的公司是其粉丝的粉丝

几年前，我很荣幸有机会参加了一个持续一年的项目，研究对象是极限运动市场。那是一段美好的经历，因为我遇到了这个世界上最疯狂的一个群体。也许我这样说有点妄下判断或者太过直接，但我实在找不到其他的语言来描述他们。

这些人的所作所为惊世骇俗：单手把自己悬挂在1000英尺（约304.8米）高的绝壁上；骑着山地自行车在陡峭的冰崖上穿行；在最

极端的天气条件下兴高采烈地把自己的能力发挥到极致。

我只能用"疯狂"来形容他们。

在这群挑战极限的人们当中，也许没有任何人的代表性能够超过著名冒险家亚历克斯·霍诺尔德（Alex Honnold）。2017年，他成为世界上首位在不用绳索或其他安全设备的情况下，徒手爬上位于美国约塞米蒂国家公园（Yosemite National Park）的酋长巨石（El Capitan）的人，征服了这座3000英尺（约914.4米）高的悬崖。

在4个小时的时间内，霍诺尔德完成了被称为攀岩运动历史上最伟大的壮举，取得了激动人心的成就。

霍诺尔德独自攀爬这座悬崖时所经历的身体和心理挑战，用任何语言形容都不为过。酋长岩超过0.5英里（约804.672米）高，直插云霄，陡峭无比，高度超过世界上最高的建筑物。霍诺尔德的成就非常突出，以至于有媒体将其行为描述为极限运动的"登月"壮举。

作为一个凡人，我对这件事情还是有一丝不解。我固然对这样的成就由衷地感到赞叹，但我还是想知道，霍诺尔德如何向他的母亲解释他的冒险行为？

痴迷于极限运动的狂热分子与普通人完全不同，他们"追逐太阳"，经常坐在货车后部旅行，寻求最理想天气条件下的最佳体验。他们把金钱花在挑战死神的冒险行动上。由于费用高昂，他们只得经常靠粉丝的捐赠或企业的赞助（如果运气比较好的话）去追逐梦想。如果用大多数标准来衡量，他们是远远超出社会正常边界的一个群体。

如果你欣赏极限运动员的心态，那么你就会对知名户外运动品牌北面（The North Face）的营销行为以及它制作的一个视频感到惊叹。就创造公司内容而言，这部视频的精彩程度和宣传效果在同类作品中出类拔萃，首屈一指。

这个名为《质疑疯狂》（*Question Madness*）的广告片很容易在油管上找到，它的播放量已经超过800万次。在不到两分钟的时间里，画面显示的是冒险家们受伤、哭泣、尖叫，以及在精疲力竭和极度绝望中从岩石上面跌落下来的情景。霍诺尔德在给这些失败的镜头作解说时说道："有那么多人质疑你的动机，甚至怀疑你的心智是否正常，真是非常奇怪。"

但是，伴随着蓬勃激昂的音乐，视频随后展现的是胜利、勇气、自由和狂喜。

这部快节奏的视频就这样把"痴迷"变成"献身"，把"疯狂"转化为"有分寸"，把"格格不入"升华为"先驱"。

通过解释难以解释的事情，这部视频建立了惊人的情感联结，并为超凡脱俗的生活方式正名。或许，这部视频能够帮助霍诺尔德向他的母亲理性地解释他的冒险壮举。

北面用这样的方式告诉大家："你很好，你并不孤单。"

更准确地说，应该是："你属于我们。"

这条信息确实获得了有效的传播。一个粉丝在视频下面评论道："这才是贵公司做广告的正确方法。"

确实如此，千真万确。

北面公司没有花巨资在超级碗（Super Bowl）职业橄榄球联赛或热门情景剧推送这条"广告"，也没有把这部只有两分钟的视频以电子邮件的形式群发或者直接寄送给公众。这家公司只是把视频发布在油管上面，让有兴趣的人们自己寻找。然而，这就是我们能做出的最佳"广告宣传活动"，难道不是吗？

如同所有杰出的营销行为一样，北面并没有把这部视频当作一次性的宣传，而是通盘考虑，采取综合措施对视频进行支持，其中包括设立全球攀岩日（Global Climbing Day），鼓励攀岩爱好者参加免费攀岩活动，活动地点有150多个。这家公司还在全美服务不完善的社区建立免费的公用攀岩墙，扩大攀岩运动的影响力。

当我们缓慢但不可逆转地走向一个无广告的世界时，故事——那些服务、激励和娱乐大众的故事——就是新的广告。展现真正的关心、同情和社区服务等有意义的活动，以及展示相互理解的情感联结，就是帮助消费者获得归属感的市场营销。

北面制作的这部视频传递着希望。对所有爱好极限运动的"狂人"而言，这部视频让他们找到了在这个宇宙中属于自己的小小领地，虽然有些疯狂，但却充满骄傲。

对于我们的幸福和健康而言，归属感是最原始和最基本的一部分。世界上卓越的公司不是"拥有"消费者，而是拥有一个空间并帮助消费者在那里找到归属感。

卓越的公司是其粉丝的粉丝。

📦 文身、标签与归属感

归属感是一个内容丰富、饱含情感的词。

人们或许对运动队、大学或社会事业产生很深的情感联结。但是，公司呢？你能在公司找到真正的归属感吗？

事实上，消费者正在告诉我们，他们希望从属于我们的公司。有一组数据非常令我吃惊。该数据显示，在严重依赖社交媒体的用户当中，有50%的人认为，获得网友的认可非常重要。相比而言，有超过60%的人认为，获得网上受欢迎品牌的认可非常重要。这难道不令人感到震惊吗？有很多人认为获得受欢迎品牌的认可，比获得朋友的认可更加重要！

如果你留意的话，你就可以发现人们渴望获得品牌归属感的迹象。

几年前，我在网上偶然看到一个人的照片，他的两只脚踝都文上了耐克的对钩标志。我的第一反应是："啊，那一定很痛。"然而，我随后意识到，他的这种自我表现的行为，恰恰反映了耐克公司市场营销的成功。那位跑步爱好者正是因为喜爱和信赖耐克公司，才把耐克公司的标志刺在自己身体上。这位耐克公司的粉丝其实是在公开表示："耐克公司不会让我失望。我非常自豪自己属于这家公司以及它所代表的一切。"

虽然并不是每个人都不惜花钱和承受痛苦，也要把公司标识文到身上，但是我们周围有许多代表归属感的"虚拟文身"，它们同样表达了消费者对归属感的渴望。

请仔细观察你光顾的咖啡店，留意在那里上网的客人，是如何通过自己笔记本上的品牌标识来体现自己对某个品牌的喜爱的。你或许还会注意到，你朋友中有人身穿带有品牌标识的T恤，或者戴着品牌标识的帽子。如果某个人非常喜欢某公司，穿戴有该公司品牌标识的服装、鞋帽，或把品牌标签贴到电脑上或汽车上，那么他和上文那个耐克粉丝所表达的情感是一样的，只不过他用的是"虚拟文身"。

探讨归属感的复杂心理学，超出了本书所讨论的范围。然而，可以肯定的是，消费者有意识地把品牌标识与身体、服装和汽车等联系在一起，表达了对品牌根深蒂固的信念，也是消费者对品牌有归属感的标志。

事实上，许多品牌都值得消费者在其私人物品上贴上带有品牌标识的标签或贴纸，因为这些品牌挖掘并实现了消费者的归属感。我相信，下面的故事会帮助你更深刻地理解这一点。

🔊 哈雷骑手的情怀

我喜欢骑车穿行于田纳西州东部的山间道路上。有一天，在骑行途中，我偶然注意到了一座房子前面的邮箱，它的形状和哈雷戴维森摩托车公司（Harley-Davidson）的品牌标识一模一样。

他们对这个地地道道的美国品牌心怀挚爱，甚至可以说是到了崇拜的程度。在我们家附近有一家这个品牌的门店，旁边是门店老板负责管理的一个休闲场所。每到周六晚上，哈雷摩托车的爱好者们从四面八方涌来，喝啤酒，听现场音乐，放松身心，好不惬意。他们的摩托车都经过"盛装打扮"，车主则从头到脚都是哈雷风格的服装，包括带有哈雷公司商标的帽子、皮夹克、背心、裤子和靴子。据统计，哈雷戴维森摩托车公司大约22%的销售收入来源于非摩托车配饰和商品。

这到底是怎么回事？为什么这些人对这个品牌的摩托车有如此高的忠诚度？在一次线上论坛上，一些真正的哈雷摩托车发烧友讲述了他们对这个品牌的热爱。他们的发言也许能解开我们心中的谜团。

"哈雷不仅是摩托车，更是一种生活方式。在哈雷骑手中找到归属感，不同于任何其他事情。如果你参加每年一度的摩托车拉力赛，你就会明白我在说些什么。"

"哈雷摩托车允许定制，因此每一辆摩托车都会成为话题，而每一位骑士都成了品牌大使。"

"你无法抵御那种声音的诱惑，哈雷摩托车在你身下的轰鸣之声为你带来的满足感，简直无法比拟。"

"如果有人问你的摩托车是什么品牌，而你回答是哈雷的时候，他们的眼睛会更加明亮，似乎你的回答正是他们希望听到的。"

"最吸引我的是哈雷车友会，它在大多数城市都有分会。我喜欢和朋友们见面，就如同我喜欢骑行一样。我在车友会找到了归属感。"

"我的哈雷摩托车车座很宽大。在一顿胡吃海喝之后，我的身体非常笨重。然而，当我坐到摩托车上面的时候，臀部感到很舒服。请你告诉我，还有什么其他产品能让像我一样的大胖子看起来这么酷吗？"

"说实话，从经济上考虑，哈雷摩托车粗糙、不舒适，速度也不够快，应该说有点被高估。花同样的钱，你可以买到比哈雷更好的摩托车。然而问题是，它不是哈雷。'酷'是花钱买不到的，但哈雷摩托车是扮酷的绝佳起点。"

如果你买了哈雷，你购买的不是摩托车，而是归属感，那种归属于一个精心打造的、非常酷的群体的归属感。说到酷，我还有更多的故事要讲。

🔊 对最酷冷藏箱的热爱

大约三年前，我开始注意到"雪人"（YETI）的品牌标识出现在一些保险杠标签、T恤和球帽上面。我对这个标识算是比较熟悉，知道它是高品质冷藏箱的生产商。但我觉得，任何有理性的人都不会推销这种平淡无奇的产品。我的意思是，这种产品没有什么特别之处，因为它只是一个冷藏箱而已！

然而，"雪人"的两位创始人——罗伊·塞德斯（Roy Seiders）和里安·塞德斯（Ryan Seiders）——塞德斯兄弟，却成功实现了企业家的终极梦想，打造出的产品在受欢迎程度、耐用性和亲民性方面都达到了近乎完美的程度。短短几年时间，"雪人"的产品就成了传奇。

"雪人"冷藏箱的零售价是普通冷藏箱售价的10倍，但仍然有数百万名坚定的追随者。对企业家和产品设计师来说，他们的终极目标是：把一款普通家用商品打造成人们渴望的产品。这一点，塞德斯兄弟做到了！

在营销总监沃尔特·拉森（Walter Larsen）的帮助下，这家创业公司把营销重点放在"人性印象"和口碑相传方面。事实证明，其业务几乎全部依靠这种营销战略。拉森表示："我告诉塞德斯兄弟，打入户外运动市场既简单，又不需要投入太多资金。如果他们勇于进取，将有非常好的发展机会。"

拉森帮助塞德斯兄弟创立了通俗易懂的品牌理念——"经久耐用，保温持久"，并在初期把目标人群锁定在垂钓爱好者身上。为了提高营销效率，"雪人"还聘用有影响力当地渔民担任品牌大使。每卖出一个冷藏箱，"雪人"还赠送带有公司品牌标识的帽子和T恤，以发起公司产品相关的话题。"雪人"还把这一卖点告知有影响力的人物，以便通过他们的宣传能够让潜在买家知晓这些赠品，从而让买家觉得物有所值。

取得初步成功后，"雪人"扩大了"人性印象"营销战略的应用范围，把乡村的饲料、种子和生活用品商店纳入重点营销目标。农民和牧民通常在户外工作和娱乐，还喜欢吃烧烤，因而冷藏箱会有用武之地。后来，这家公司又强化了口碑相传的营销战略，把科罗拉多州滑雪、野营和山地自行车运动的爱好者纳入目标人群。

在短短3年的时间内，这家小公司的销售额就增长了3倍。

一位分析师评论道："'雪人'的故事不是关于冷藏箱，而是关于很多东西。围绕着对户外运动爱好者的热情和责任这一主张，'雪人'打造了一个社群，并执行了独特的经营战略，获得了用户的信任。为了获得这种信任，很多大公司愿意支付大笔资金。但是，这种信任是金钱无法买到的。"

"雪人"正在增加生产线，扩大产量，并提升国际市场的销售。可以预料的是，竞争者也会接踵而至。"雪人"会取得成功吗？正如哈雷·戴维森摩托车公司已经证实的那样，拥有忠实拥趸的品牌将能够发展持久。

顺便说一下，"雪人"不久前刚刚推出了售价为1300美元的冷藏箱。

🔊 店面亦社群

露露乐蒙（Lululemon）在运动服装领域做得风生水起，大获成功。2000年，露露乐蒙在加拿大温哥华开设第一家门店，销售瑜伽服装。这家公司扩张迅猛，目前已经成为深受消费者喜爱的全球知名品牌。尽管其畅销产品售价较高，并且95%的销售都没有折扣，但露露乐蒙已经建立了庞大而忠诚的客户群。

尽管这家公司以设计感、耐用性、合身性和面料质量而闻名，但它真正的不同之处在于，它通过连续不断地添加"人性印象"，让客户获得了归属感。这家公司基于"建设更美好生活"的理念，创造了专属的空间和文化，并将客户纳入其中。

从世界范围来看，与其他任何一个零售品牌的客户群体相比，露露乐蒙的客户群体花费更大，对品牌的忠诚度更高，为公司提供的利润也更多。

接下来，让我们看一下，露露乐蒙公司是如何使消费者获得归属感的。

📁 设计图案和文字刺激对话

露露乐蒙创造出有趣的设计，进而启发对话。从手提袋到T恤，这家公司都印上了令人感兴趣的图案，以提倡"每天出汗，为生活添风采"的健康生活方式。商品上的妙语佳句让人精神振奋，仿佛令人愉悦的"社交小吃"，刺激消费者和商家展开对话，提升消费者的价值观。

📁 员工主动发起对话

鼓励员工就健身目标和健身技巧与消费者展开对话。对消费者而言，这些公司员工更像是健身房里的朋友，而不是服装店店员。

事实上，公司要求店员上班时身着运动装，就像他们马上要去健身一样。这些员工都受过专门训练，知道如何理解消费者的健身热情，如何就健身问题与他们进行讨论，以及如何提供个性化建议。

大多数在露露乐蒙公司上班的员工都是健身爱好者，所以他们和消费者就健身而言有共同语言和一致的价值观。此外，每家零售店的组织和设计都有利于鼓励对话，并且员工们有一套高效的理货和商品展示系统，这样他们就能够提高工作效率，因而有更多的时间与消费者进行人际互动。

露露乐蒙社群关系经理尼娜·加德纳（Nina Gardner）表示："与消费者建立关系，是让我们从众多的零售店中脱颖而出的真正原因。与消费者建立情感联结，使我们避免成为'仅仅是开门售货的另一家毫无新意的服装店'。当然，我们出售的是服装，但更重要的是，我们与消费者建立关系，并为社群提供支持。"

📋 店面成为对话中心

露露乐蒙处于起步阶段时，为了节省租金，创始人奇普·威尔逊（Chip Wilson）在晚上把自己的办公室当作瑜伽健身房使用，这一传统延续至今。公司门店在下班后利用场地举办瑜伽和其他健身活动，这实际上把零售门店转换成了"健身和对话中心"，鼓励回头客再度上门。

露露乐蒙还在各地举办现场促销活动，并在任何可能的地点，让消费者与公司高管和具有影响力的健身达人会面并展开对话。

💼 激活社群健身达人

每当计划设立新店面时，露露乐蒙都会提前一年进行准备，在店面附近区域寻找有影响力的瑜伽、跑步和健身教练。如果他们愿意的话，就聘请他们担任公司的社群形象大使。作为交换条件，这些形象大使在露露乐蒙购物时可以获得优惠，甚至可以在露露乐蒙的门店内开设训练班。

露露乐蒙欧洲品牌社群总监林赛·克莱登（Lindsay Claydon）透露，出类拔萃的形象大使同时也可以成为公司的"研发人员"，因为他们可以参与品牌的设计过程，测试产品，并在店面经营和项目运营方面给予反馈。

克莱登还表示："门店聘用的形象大使，大多都是当地社区的领军人物，能够向大众反映公司有关健身和健康的文化和热情。这就创造出了更多真实和投入的关系，进而支持公司与此前尚未有过接触的潜在消费者建立情感联结。"

露露乐蒙不仅销售服装，而且在"健身愉悦身心"这一与消费者共同理念的基础上，打造品牌社群。

🔊 从失业者到超级明星

关于不同规模的公司如何让客户获得归属感，我已经列举了一些例子。那么，如果是个人，如何让客户获得归属感呢？

帕特·弗林（Pat Flynn）已经是企业家圈子里的名人，他以坦率、风趣和完全透明的商业风格著称。然而，他的风格却是在连续遭遇打击之后才形成的。

2008年，弗林被他所在的建筑师事务所解聘，那本来是他的理想工作。不过，在此之前，他积累了不少建筑师专业考试的知识点和经验。于是，他心血来潮，创办了一个免费网站，帮助人们备考建筑师专业考试。令他感到吃惊的是，该网站的访问量每天都达到数千次。

弗林的本意是免费提供考试知识点和经验，但备考人士认为弗林提供的学习资料非常好，愿意花钱购买。于是，弗林就写了一本电子书、一本学习指南和一本数字书，并开始收费。在第一个月，他就赚了7000美元。对弗林这位新的企业家来说，这是改变他一生的重大事件。

旗开得胜以后，弗林又创办了另外一家网站，教授人们如何获得被动收入。他还发表博文，叙述他创业过程中起起落落的故事。后来，当他创办播客的时候，他的社群人数迅猛增长。

他表示："播客的好处是可以讲故事，拉近与听众的距离，让他们感知你的情感、情绪和声音。向听众讲述我的人生故事，使我和粉丝们建立了联结。通过播客，我们可以像朋友一样谈心。"

我几年前听说过弗林的故事，但直到最近我在现场听了一次他的演讲，才意识到他的粉丝有多么疯狂。他们成群结队地欢迎他的到来，疯狂程度丝毫不亚于摇滚歌迷。弗林似乎有什么绝招，因为"企业家建言献策"这一领域已经严重饱和。那么，为什么弗林能够取得出乎意料的成功呢？他是这样阐述他成功的原因的。

"我关心人们的感受，社群是由这种关心催生的。我关心人们的理由是，创业初期我在互联网营销、在线业务和企业家精神等方面做了大量研究。但是，我从来没有觉得我能够和任何人建立情感联结。企业领导者都深藏不露，他们想让我花钱去接近他们，这让我感到有点害怕。"

"我决定另辟蹊径。我要让人们感觉到我关心他们，因为我确确实实是那样做的！不久前我还处在他们现在所处的位置，因此，我博客上面的每一条评论、社交媒体上的每一条信息以及收到的每一封电子邮件，我都要回复，并且尽量在24小时之内回复。"

"我还希望以诚待人。我分享胜利，也分享失败，因为对听众来讲，失败的故事更加有吸引力。每个人都会犯错，如果你分享失败的故事，人们就可能会觉得你很了不起。"

"创办网站后，我分享了网站的经营情况，包括销量、客户数量以及当月的利润。我的业务只能在网上做，所以我非常感谢大家的支持。然而，我其实只打算坚持一个月的——在网上公布自己的收入简直是闻所未闻——但是，由于得到了许多非常棒的反馈，我就决定坚持下去。"

"让这样的一群人找到归属感并不是我当初有意为之。但是，他们最后找到了归属感，因为我关心和在意他们。现在，由于拥有共同的爱好和价值观，他们之间也在传递这种关爱和帮助。由于互联网的普及，人们很容易找到你并加入你的团体。随后，这部分人又把更多有类似需求的人带入这个社群。"

弗林发现，当他的粉丝有机会和他面对面时，他们的热情更加高涨。

"有一次，我举办一场活动，邀请人们和我见面。几分钟之内就有100人登记报名，另外还有150人没有报上名，但他们也想参与这次活动，于是打算硬闯会场。这表明人们非常渴望成为这个社群的成员。我只是一个在家录制播客的普通人，看到那么多人要加入这次活动，我感到难以置信。"

"与人们面对面交流，有非常高的价值。无论你是个人还是企业，创造面对面交流的机会都非常重要。因为，参加这样的活动之后，他们带走的是珍贵的经历和难忘的记忆，还会把他们自己变成你的超级粉丝。"

"消费者和粉丝的区别在于，粉丝希望参与其中。当他们感觉被接纳的时候，他们就愿意投入。而当他们亲身投入时，他们也许还会用金钱加强这种投入。"

"这里要强调的是，只有当人们看到真实存在的事情时，他们才希望获得归属感。我让他们看我工作的地方，还让他们知道，我开的是一辆小型货车，因为我有好几个孩子。当我不舒服时，我也拍视频给他们看，展现自己真实的一面。我还在照片墙上进行分享，讲述图片背后的故事。我的个人网站还不能让人们全面地了解我，因此我就通过社交媒体进行补充。"

"你或许喜欢我，或许憎恨我。然而，我就是我，始终如一，做真实的自己。当前的商业世界需要真实和坦诚。不过，你知道，对许多公司来说，做出改变并向消费者展示其真实的一面，是一件困难重重的事情。"

🔊 如何帮助人们获得归属感

如果你能够帮助人们获得归属感，他们即使在处境艰难的时候也会对你不离不弃。他们会愿意花钱（甚至在冷藏箱上！），并且他们会更好地传播你的故事，且传播效果超出任何能够花钱买到的广告。这将给你带来难以置信的营销优势。

然而，打造能够带来真实归属感的品牌充满挑战。

如果你的公司愿意打造这样的品牌，或许你可以考虑以下八条建议。

1. 培养品牌社群不仅是营销战略，更是经营战略

许多公司经常把它们的社群建设局限于营销功能的范围之内，这是非常错误的。如果你希望品牌社群能够产生最大利益，就必须把对品牌社群的培养和建设提到更高的战略层次。

哈雷戴维森摩托车公司就是一个很好的例子。在20世纪80年代，该公司管理层围绕品牌社群战略，重构了商业模式。除了更改营销项目，哈雷戴维森摩托车公司还从公司文化、经营程序和组织结构方面着手，进行了全方位改革，以推动社群战略执行。换句话说，就是促进骑手们的"兄弟情谊"。

有一次，我有机会和哈雷的高管们一起参加一个销售会议。我的公司创新研制了一种新型铝材，耐脏、耐油脂。我信心满怀，自认为哈雷摩托车正好需要这样的材料。

"不"，一名哈雷戴维森摩托车公司高管说道，"我们的骑手喜欢清洗他们的摩托车。这是他们和我们的产品互动的方式，那些尘土和油脂就应该在那里。"

显然，对哈雷戴维森摩托车公司来说，培养公司的社群绝不仅是销售商品的营销战略。培养社群是更高等级的经营战略，其目的是满足消费者的情感需求。

2. 品牌社群服务于消费者而非企业

许多管理人员经常忽略这样一个事实，即消费者是有真实情感的人，有不同的需求、兴趣和责任。对以社群为基础的品牌而言，

培养消费者忠诚度的手段不是销售，而是满足消费者的需求。

对一家公司而言，怎么做才能及时满足消费者不断出现的新需求呢？未来学家费斯·波普康（Faith Popcorn）表示："寻找明天的信号——跨出你的舒适区，深入研究你通常会躲避的文化领域。然后，把各个点连接起来。去那些隐秘的酒吧、俱乐部和咖啡店看一看；观察人们在吃些什么，说些什么；去享受音乐浴，或尝试冷冻疗法。问一下你自己，这些能满足什么需求？我公司的业务如何能满足这样的需求？"

3. 明智的公司欢迎促进社群发展的冲突

大多数公司希望避免冲突，但是不同的社群却有不同的倾向性。因此，出现冲突是正常现象。某一个社群的人可能会抨击其他社群的人，以彰显自己社群的与众不同。

我将在下文更深入地讨论这一问题。就企业而言，持有明确立场，建立社群，是目前为数不多的、能够培养品牌忠诚度的战略之一。社群要想变得强大，必须要明确而不是模糊边界，因为边界是界定社群之间差别的标识。

4. 社群能够带来身份感和地位感

从属于一个社群能够带来强大的身份感和地位感，而这种身份感和地位感能够通过社群活动和社群内部的职位得到强化。在社群内部赋予成员身份和地位，能够吸引更多的支持者，其有效性超过其他任何方法。

通常，强有力的社群有意识地让社群成员扮演有价值的角色，建立和巩固社群文化的基石。例如，对于社群的突出贡献者，帕特·弗林有意识地、长期地对其进行奖励，并授予他们身份，以鼓励其他社群成员为社群做出贡献。

5. 现场活动的力量

由互联网促成的人与人的联结属于弱联结，这一点我在我撰写的其他书籍中已经进行过深入的论述。不言而喻，虽然这种联结属于弱联结，但同样非常重要，因为它可以带来潜在的机会、意外的收获以及新的理念。然而，如果我们把上述益处称为"互联网的潜在魅力"的话，我们也必须为社群成员的面对面交流提供机会，如此才能真正实现这种魅力。

美国特纳广播公司（Turner Broadcasting System，TBS）的总部位于亚特兰大，旗下的有线电视网包括美国有线电视新闻网（Cable News Network，CNN）和卡通有线电视网（Cartoon Network）。特纳公司明白，即使在传统的广播电视媒体领域，人与人的情感联结也非常重要。

特纳公司执行副总裁兼首席营销官莫莉·巴廷（Molly Battin）表示："我们的工作就是发展粉丝，粉丝比消费者重要得多。他们分享、辩论、文身，宣传公司的消息。在文化分化程度较深的时代，发展粉丝是行之有效的手段。现在，是把营销王国的钥匙郑重交给粉丝的时候了。"

特纳公司采用多种方式发展粉丝，其中包括举行粉丝现场活动。特纳经典电影频道（Turner Classic Movies）每年举办电影节和粉丝巡游活动。特纳还举办了一系列庆祝活动，向其成人动画频道（Adult Swim Channel）献礼。这些庆祝活动把这个频道的喜剧、音乐和明星结合起来，并利用古怪的方式进行展现，其中包括像机械牛一样剧烈颠簸的热狗之旅，以及受曾热播的荒诞连续剧《梦公司》（Dream Corp LLC）启发而开发出的虚拟现实体验。

我在本章列举的所有实例都强调，现场互动能够建立情感联结，有助于人们获得归属感。即使你的大多数业务都在网上进行，我还是希望你认真考虑如何通过现场活动和"人性印象"去打造品牌。

6. 社群藐视控制

品牌社群不是公司资产，因此，企图控制社群只是一厢情愿的幻想。本书的根本主题是公司应当进行调整以适应消费者所掌控的世界。所以，公司应该让社群成员独立领导和管理自己的社群。

放手让社群成员实施自我管理，并不意味着公司要放弃责任。品牌的精干力量应当以共同策划人的身份去参与社群活动，为社群发展提供便利条件，进而培养和壮大社群。

要创造空间，邀请消费者参与活动，不但要让消费者找到归属感，还要让他们扮演领导者的角色。

7. 操纵将扼杀社群

如果社群成员感到成立社群的目的是控制他们，那么你将彻底失败。一定要牢记，控制意味着终结！

如果公司参加社群活动的目的是从中谋取利益，那么社群成员早晚会觉察到。请记住，在真正的社群，人们支持他们的领导者是出于自愿而不是因为被胁迫。

基斯·詹宁斯（Keith Jennings）是亚特兰大一家公司的营销总监。他表示："我是穆格音乐公司（Moog Music）[1]的狂热粉丝。我购买他们的产品，参观他们的工厂，用穆格咖啡杯喝咖啡。这家公司捐献部分利润给当地学校，我非常欣赏和敬佩这种行为。"

"但是，我不觉得我属于穆格公司，我是穆格公司的粉丝。但是，我不想成为他们营销叙事的一部分，我只想让他们成为我所讲述的故事的一部分。"

销售漏斗已经"失灵"！

8. 使命造就运动

如果一个品牌能够把自己当作一个文化创新的重要成员，它就能够培养与消费者的情感联结。露露乐蒙发起了"这才是瑜伽"的宣传活动，刷新了瑜伽的概念。这家公司高调宣称，当前的瑜伽运动已经不局限于瑜伽垫的方寸之地，而是已经深入我们生活的方方面面。露露乐蒙向人们展示出，许多有社会影响力的人已经把瑜伽

---

[1] 穆格音乐公司（Moog Music）是一家著名的美国乐器公司。——译者注

融入日常生活，他们包括艺术家、音乐家和企业家。

从本质上讲，露露乐蒙正在塑造能得到消费者认同的一种新理念。这家公司正在践行他们的使命，而使命造就创新。

◁)) 你准备好了吗

虽然很多品牌都能从社群战略中获益，但并不是每个品牌都能克服各种障碍，获得最后的成功。培养消费者的归属感需要一家公司的各个部门齐心协力，乐于奉献。各个部门还必须打破部门界限，为共同的目标而努力。

如果理念正确、方法得当，社群营销是非常有效的营销手段。建立起强大的品牌社群，能够提升消费者的忠诚度、降低营销成本、证实品牌的意义、获得更多企业发展的锦囊妙计。如果你帮助人们获得归属感，利益的到来将水到渠成。

第五章
自身利益与匠心品牌

市场营销的终极目标是让销售变得多余。

——彼得·德鲁克

有一次，我搭乘国际航班旅行。找到自己的座位并安顿下来后，我准备在途中看一部电影。电影开始前，播放的是一段广告，宣传该航空公司的价值观及其所参与的广泛的社会活动。

广告片的配音员是一位女性，她以极快的语速说："您正在以'世界速度'飞行！朝外看，您就会明白这种速度多么令人难以置信。您轻松地坐在那里、调整呼吸、安心休息，好像就安然地停留在白云之巅，但您确实是在以每小时500英里（约804.672千米）的速度高速飞行！这有什么意义呢？意义超出您的想象！只要安全抵达目的地，您，是的，是您，就能改变世界！"

"您搭乘的每一架我们的航班，都将产生蝴蝶效应。从航班起飞到抵达目的地，我们不仅是完成了一次飞行。我们把部分利润用于促进社会进步的事业、提高效率、开拓新领域、加强人与人之间的联结。您手中的机票意义非凡。"

"我们不仅提供航空服务，还拥有改变世界的决心。所有这一切，只有在您的参与下才能成为可能。"

根据目前大多数营销公司（当然包括制作这家航空公司广告片的公司）的标准，这部广告片具有讲述精彩的公司故事所必备的显著特征，许多高管也会自然而然地点头表示认可，笑意满满地表示赞许，原因包括以下几点。

- 广告片制作精良，内容精彩纷呈。
- 配音充满感情，能引发共鸣。
- 强调真人真事，说服力强。
- 把公司价值观和社会利益紧密相连，主张建设更加美好的世界。
- 关注社会问题，提及了圆大学梦的贫困学子等。

然而，当我坐在冰冷的座位上观看这部视频、旁边还有一个孩子哭闹不止的时候，当时我的反应是：我不在乎！

我只想看部电影，缓解旅行的疲惫。然而，这家航空公司每次播放那部广告片时，都严重破坏了我的心情。我想向这家航空公司表达如下的想法：请在6个小时的飞行途中给我提供一份免费的热饭热菜，请不要把我塞进为《权力的游戏》（*Game of Thrones*）中的小恶魔[1]设计的狭小座位，请在登机过程中维护我的尊严。

在当今世界，公司要善于"讲故事"的理念已经被广泛接受，但为什么实施起来却困难重重？要理解这一点，还是让我们看看下面的现实吧！

◁)) 公司的"信息传递"遇冷

最近，我浏览了一家大型跨国公司的网站。这家公司是世界上最大的污染排放公司之一。这家公司的业务决定了他们必须要砍伐树木，以获取生产木浆所需的原材料。这个过程会产生有毒物质，并且大量有害气体将被排入大气。这是无法否认的事实。

然而，如果你访问他们的网站，你会发现该公司网站有大量的从网络图库中挑选出的精美图片。这些图片千篇一律，展示着各种理想世界的美好场景。他们所做的这一切，不过是想分散或转移民众的注意力，让人们忘记现实。

如果一些公司歪曲事实，我们便会对它们产生了信任危机。这一现象已经在《爱德曼全球信任度调查报告》（*Edelman Trust*

---

[1] 《权力的游戏》（*Game of Thrones*）是美国 HBO 电视网于 2011 年推出的一部电视剧，剧中的小恶魔是一个侏儒，在此比喻座位狭小。——编者注

Barometer）[1]上得到体现。该报告指出，随着时间的推移，民众对企业的信任度直线下降，目前处于历史最低位。这表明，无论你在创造"故事情节"方面多么努力，人们都有可能对此不屑一顾。

这是最奇怪的现象之一：公司投入巨资进行公益营销，慈善捐赠呈现上升态势，社交媒体促进了透明度，然而，人们对公司的信任度却大幅下降。

把前文提到的那家航空公司的宣传片与北面公司制作的视频《质疑疯狂》相比较，我们可以发现，北面公司把消费者当作明星，邀请他们加入社群，帮助他们获得归属感。相比而言，那家航空公司依然按照公司单方面的理念进行经营，把自己塑造成故事中的"英雄"，认为公司在掌控局面。那部宣传片表达的核心意思就是："看，我们多么优秀！"

我把那家航空公司当作例子，然而，这样的问题并非仅存在于那家航空公司，而是几乎无处不在。任何人做不切实际、逃避现实的宣传，都不会获得信任。事实在于，你们的公司并非与众不同。你们的客户也许既不会相信你们，也不会相信那些从网络图库里挑选出来的图片。

---

[1]　《爱德曼全球信任度调查报告》（*Edelman Trust Barometer*）是全球知名公关公司爱德曼（Edelman）公布的报告，每年在世界经济论坛（达沃斯论坛）开始前公布。——译者注

🧰 公司故事不自然

公司所讲述的故事效果不佳的另一个原因是，这些故事很少能够达到人们对内容真实自然的预期。

请做一下这个简单的测试：快速浏览照片墙上面的推送，在不留意图片是什么人上传的情况下，猜测一下哪些是软广告、哪些是朋友们上传的图片。我猜测的准确率几乎为100%，原因在于，那些软广告的图片非常容易识别，所以它们看起来仍然是广告，而不是朋友们上传的图片。

大多数公司内容一看就是公司内容，很容易判断。我的感觉像蜘蛛一样敏锐，很容易察觉出公共关系宣传暴露出来的蛛丝马迹，比如身穿合身工装的员工们的照片太过完美，或者文章毫无生活气息。这时候，我马上就能判断出，那些故事已经失真，它们是广告，而不是故事。制作那些广告的公司也许仍然把它们称为故事，但全世界都知道它们是广告。

然而，我们通常不喜欢广告，我们逃避、阻止或跳过它们。在播放广告时，我们也许会走出房间去喝点东西，诸如此类。大部分公司演绎的故事仍然是广告，因为这些故事与人们的真实体验不同，让人们感到不自然。

🔊 匠心营销

市场营销要采取匠心营销的战略。如果你所呈现的品牌真实可信，消费者就会为你呐喊助威，即使为你的产品支付更高的价格也在所不惜。

如同"个人品牌塑造"和"畅销"等名词一样，匠心营销在网络上同样被热烈讨论。然而，目前还找不到很多恰当的词语来表达匠心营销的基本理念。不过，成功的营销将不得不以真实、本地化、个性化甚至手工的方式呈现，这一点毫无疑问。成功的营销还必须创造变化，并且让人们能够亲身感受到这些变化。

我认为，匠心营销具有以下特点。

• 匠心营销真实、可信、自然，不可抗拒，因而人们会心甘情愿地传播你的故事。消费者是不愿意被收买的，如果他们怀疑有人企图售卖东西给他们，他们就会做出负面反应。你的故事必须真实，不能夸大其词。此外，你一定不要低估消费者的辨别能力。

• 匠心营销讲述的体验与众不同，引人注目，对每个人都具有实际意义。

• 匠心营销提供符合个人的、显而易见的利益，实实在在地帮助个人或社群创造财富；它节约资金，保护环境，促进健康和幸福；还能让人们感到愉快和提升自尊等。

我不禁要问，如果不彻底改变公司文化，公司怎么可能采取匠心营销的战略？

实际上，如果公司和品牌企图寻求与消费者进行快速、缺乏人情味的交易，那么实际上它们每天都在怂恿消费者离开它们，这与它们的最初愿望背道而驰。与此形成强烈对比的是，类似社群关系的共有关系，其兴盛之道在于对相互需求的积极回应。在社群中，我们携手互助、同舟共济，同属一个大家庭，不会为了快速销售而不断向其他人施压。

事实上，能够严格在社群的基础上进行经营的公司并不多见，它们似乎也不想那么做。正如我在前面的章节所言，有的公司不需要"社群"，它们只想尽快获得利益。然而，我们注意到，即使大型公司也开始思考如何建立匠心营销的模式了。

下面，我给大家举一些例子。

📦 匠心营销是我们的DNA[1]

有一次，我参加了一场在美国明尼苏达州明尼阿波利斯市（Minneapolis）举办的营销大会。在我等待上场发表演讲时，坐在我旁边的一个会议组织者问我是否听说过一家名为"房间与木板"（Room & Board）的当地家具公司。我告诉他，我没有听说过这家公司。

---

[1] 即脱氧核糖核酸。——编者注

他立刻来了兴致，热情地给我介绍起这家公司与当地一家家具厂合作的故事（我不敢确定他是否喜欢家具）。他告诉我，在20世纪八九十年代，美国家具产业大规模搬迁到海外发展，当地大量的小型家具厂倒闭。这家家具公司却帮助它们"起死回生"，方法是协助家具厂手工艺人以美国传统风格为基础，创新出现代设计，并通过网站和遍布全美的实体店推销产品。

我没有在明尼阿波利斯市生活过，也没有家具行业的从业经历。然而，他的介绍激发了我的兴趣。我想知道这家公司有何特别之处，以至于这位会议组织者兴致勃勃地给我讲述他们的故事。于是，我访问了这家公司的网站，并当即被他们的励志故事所吸引。那些故事通过博客和视频进行讲述，内容是这家公司如何凭借一己之力挽救美国家具产业。

为了更深入地了解这家公司，我采访了该公司的销售总监基恩·威尔逊（Gene Wilson）。通过采访，我发现，这家大型公司具有"以人为本"的理念，以及立足本地、放眼全球的视野。以下是部分威尔逊先生的阐述。

"我们是最具有创新力的公司之一。公司创始人约翰·加伯特（John Gabbert）原本已经在家具业做得风生水起，但他对持续的销售压力和无休止的促销感到厌倦。因此，他离开了家族的家具厂，另立门户，创立了一家经营理念与众不同的家具公司。"

"当时，由于美国家具产业掀起搬迁至海外的热潮，绝大部分家具公司的多数商品都从其他国家采购。加伯特却另辟蹊径，他并不依赖进口商品，而是在美国寻找处于困境中的、有才华的手工家具木匠。"

"加伯特先生与木匠们合作，想要重新振兴美国家具产业。他与木匠们研究新设计，制订商业计划，有时候甚至就在餐巾的背面写写画画。由于销售人员有丰厚的底薪，因此他们的工作重点不是提高销量，而是服务消费者。与其他公司不同，我们公司不举办季节性促销，并承诺保价一年。因此，消费者可以按照自己的时间安排，购买我们的家具。我们的设计以手工艺为基础，遵循美国阿米什（Amish）和夏克尔（Shaker）①家具的风格与传统。我们还使用天然的原材料，强调简约和实用性。"

我在参观这家公司位于亚特兰大的门店时，销售员伊丽莎白·卡鲁索（Elizabeth Caruso）告诉我，他们公司对位于旧城中心的历史建筑进行了整修改造，使旧建筑重新焕发了生机。我当时参观的门店，以前是一家大型肉类加工厂。在沙发展示厅，还可以看到此前的部分熏肉设备横贯整个大厅。

卡鲁索还透露，下班后，漂亮的门店并不是关门大吉，而是举行讲座、访谈和社群活动，助力营造社群和谐友善的气氛。

卡鲁索已经在这家门店工作了九年之久，她能够告诉我每一件

---

① 阿米什（Amish）和夏克尔（Shaker）为两种美国传统家具，其特点包括纯实木、手工制作、设计简约、实用等。——译者注

家具背后的故事和细节，包括有关这家家具厂的历史，吹制玻璃的工匠，木材的精挑细选，以及帮助公司进行手工家具展示的美国小型钢铁制造商的故事。

当看到我对一件外表非常粗糙的手工柜非常感兴趣的时候，卡鲁索解释道，这件柜子是公司与美国森林管理局（U.S. Forest Service）以及巴尔的摩市（Baltimore）政府合作生产的。当地的一位木匠雇用了一些在就业方面存在障碍的人，并把一些原本要被拉到垃圾填埋场的木材抢救了出来，然后加以利用。这件柜子用的是松木，原本是巴尔的摩海滨地区联排房屋屋顶的盖板。这些板材非常漂亮，有的板材的历史要追溯到19世纪初。可以说，这件柜子不仅是一件家具，它就像摆在我们面前的一段历史。

如今，美国有近50名木匠与这家公司合作，完成来自美国各地的订单。

这家公司几乎不做广告，因为社群情感联结的感人故事已经广泛传播，刺激了业务的快速增长。威尔逊还表示："我们对透明度深信不疑。为消费者、合作伙伴和员工带来幸福，是公司发展的基石。口碑营销极大地促进了公司业务的发展。人们看到我们公司对当地民众生活的影响以后，主动传播我们的故事。因此，匠心营销就是我们的DNA。"

该公司的价值让人感同身受，引以为豪。

📋 提升个人体验

世界上也许没有比信用卡更平淡无奇的产品了。然而，万事达卡（Master Card）的首席营销官拉贾·拉玛纳尔（Raja Rajamannar）正在帮助这一知名品牌脱离无休止的广告营销。他的战略是，直接对准客户的自身利益，为他们创造真实可信的匠心体验。

拉玛纳尔在一次访谈中表示："至少从商业上来看，讲故事已经起不到效果了。广告对客户来说，是对他们生活的干扰，令他们厌烦。因此，客户想尽办法躲避广告。最初，人们借助录像机跳过广告。现在，各种广告拦截软件大行其道。如果你观察一下，就会发现广告拦截已经无处不在。"

"除此之外，人们心甘情愿地花钱去获得无广告体验。人们在你面前大喊：'我不想看你那些糟糕的广告。'然而，我们却说：'啊，不！我们只是想让你看好一些的广告。'但客户对我们置之不理。我们目前的重点不是讲故事，而是创造故事。"

"万事达卡正在大规模地为客户创造体验。例如，针对比较富裕的客户，我们推出了'无价之都'（Priceless Cities）活动，让客户获得难得的体验。我们为客户创造的体验还包括：在游客稀少的时候参观世界文化遗产，获赠独家音乐会门票，在金字塔顶欣赏日落美景。我们现在推出了750种不同的体验活动，并且这些活动还在不断更新，因为我们希望持续地为客户创造激动人心的体验。"

　　"如果你参加一次这样的活动，你的邻居们就会知道这件事情，因为你会把这样的活动当作人生体验讲给他们听。万事达的优质客户同时也是公司的品牌大使。目前，我们公司的故事讲述者是客户，而不是广告。这是加强版的口碑营销。"

💼 匠心科技

　　即便是最有远见的市场观察家也不会预料到，日本任天堂游戏公司（Nintendo）最受欢迎的互动游戏，既不涉及虚拟现实头戴式耳机，也不涉及新的超级马里奥游戏，而是由特质纸板、彩色皮带、橡皮圈和塑料连接环制作而成。

　　这些材料的科技含量低，却是任天堂Labo游戏（一款任天堂手持游戏机系列扩展游戏）的必需品。

　　这些游戏同时也是自制手工项目，玩家把套装纸板折叠成漂亮的玩具，并使用手持游戏机与之进行互动。如果使用售价为70美元的综合套装，玩家可以组装一架钢琴、一个鱼竿、一座房子、一辆摩托车以及两辆遥控汽车。如果使用售价为80美元的机器人套装，玩家可以组装一个面罩和一个背包。组装并穿戴之后，玩家可以模拟一个变形金刚式的机器人。

　　此外，还有一款简单的游戏。借助这款游戏，玩家可以设计新的功能，比如用机器人套装的背包驾驶汽车等。

　　借助这些套装，任天堂公司与玩家建立了超越游戏角色之外的情感联结。这些套装能够让玩家像手工艺人一样自己动手制造游戏的配件，并自豪地与他们的朋友们交流游戏体验。

我认为，任天堂公司的这些创意确实富有新意。

🔊 让消费者成为"超级英雄"

一直以来，我最喜欢的营销研究案例来自耐克公司。耐克公司虽然不是世界杯足球赛的官方赞助商，但却通过惊人的营销创意从赞助商那里夺走所有的光环，原因就是耐克的创意激发了大量的在线对话，而其成本却远远低于赞助费。

得益于社交媒体的强大功能，我有幸与耐克公司2014年巴西世界杯市场营销的实际策划人法比奥·泰姆伯西（Fabio Tambosi）会面。

在此期间，泰姆伯西向我透露了一些他取得巨大成功的幕后故事。

"创建有价值的品牌并排除市场嘈杂之音的唯一方式，就是先要知晓并理解消费者内心深处的自身利益，然后以此为基础确定营销战略。当耐克的营销团队在研究世界杯营销战略时，我们获得的一个重要领悟来自一个名叫布鲁诺（Bruno）的17岁男孩。他说，'请不要再给我制造更多的'超级英雄'，而是要让我成为'超级英雄'。"

"我们当时意识到，消费者已对接受挑战胸有成竹，他们邀请品牌融入他们的生活。他们在寻求一个平台，使自己成为更好的球员，而不是仅在电视上看到足球明星大放异彩。这种领悟激发我们去思考这样一个问题，即如何才能把公司的信息传播出去，并建立一种全新的、以消费者为中心的旅程？"

"我们扪心自问的最核心的问题是：'我们怎么做才能使他们觉得自己就是英雄？'以及'我们像善待职业运动员一样善待消费者了吗？'"

"耐克上传至油管的一些短视频——更准确地说是微型电影，是消费者理念的最清晰表达。这些视频制作精良，有许多足球明星在视频中露面。我们确实投入了一些资金，但与世界杯赞助商的赞助费或者广告费相比，成本要低得多。"

"在一部名为'冬天继续停留'（*Winner Stays*）的视频中，一名17岁的足球迷成了英雄，因为他在情况紧急、风险非常高的时候挺身而出。为什么？因为那就是最了不起的人物所做的事情，而那种感觉正是我们希望去捕捉的。"

"我们这场宣传活动的目的，是让人们获得英雄般的感觉。活动走进了球迷所在的城市、社区和街道，甚至走进了巴西里约热内卢的贫民区。我们开办短期课程，为比赛提供赞助，举办教练员讲座。此外，我们还提供个性化的更衣室和比赛体验，让人们模拟职业足球运动员的活动。此次活动结束后，我们甚至把最新器材留给社区，让更多的人有体验的机会。"

"当前，营销机构和营销人员在做活动时，不能仅是到过某座城市，而是必须成为那座城市的一部分。"

泰姆伯西的上述话语令人醍醐灌顶。营销机构和营销人员一定要为消费者创造有意义的活动，这些活动要符合消费者基本的自身利益。就上述例子而言，该消费者的自身利益就是希望自己被视为"超级英雄"。总之，消费者需要在他们生活的社区感受到你的诚意并信任你。

💼 规模崇拜的幻灭

我猜想，有些人读到这里会感到不安，因为我的这种彻底抛弃"广告印象"，进而采用难度大得多的本地化和匠心"人性印象"来取而代之的观点，并非每个人都愿意接受。然而，我的提醒是，轻轻松松做广告的时代已经一去不返了。

不过，在你们冲向我的办公室找我算账之前，请考虑一下还有没有别的选择。你们是选择按部就班、不做任何改变，然后消失得无影无踪？还是选择做出调整，迎接不可否认的现实带来的挑战，并彻底战胜竞争对手？

当然，以某种形式继续讲述品牌故事，仍有发展空间，这一点我并不否认。然而，我们已经处于消费者对品牌、对营销的态度发生巨大转变的时期，这一点怎么强调都不为过。我们需要重新思考这样的问题：我们怎样讲述故事？在哪里讲？讲什么？还有，最重要的问题是：谁来讲？

匠心营销所面临的挑战之一，是它不能像广告一样轻松地获得规模效应。事实上，规模是匠心的对立面。不幸的是，大多数营销机构的设立目的，都是规模崇拜。

杰瑞米·弗洛伊德（Jeremy Floyd）曾担任过多家初创公司的营销总监。他表示："营销机构和营销人员倾向于把消费者看成水桶里的水，以水的增加或减少来判断能够获得多少消费者。这些机构和人员经常这样思考：这只人口水桶、个人水桶或地区水桶发生了什么？然而，消费者不是水桶里的水，他们是人。当我们把消费者当作水桶里的水的时候，我们就没有把他们当作人来对待。营销机构和营销人员希望在每个层面都扩大工作流①的规模，而消费者的愿望恰恰相反。"

本书第一章里提到的诺克斯维尔市的那家当地手工香皂公司，通过在社区活动上讲述公司的故事，获得了象牙牌香皂无法取得的成功。

本章介绍的家具公司"房间与木板"，选择制作具有美国特色的手工家具，而不是设计后外包给其他国家的工厂进行大规模生产，做出这样的选择是付出了巨大的努力的。

万事达卡愿意花费更多的心思、举办更多的活动，以便让客户的梦想成真，而不是一遍又一遍地询问人们"您的钱包里有什么？"②

任天堂是一家高科技公司，但这家公司把注意力集中在基本的人性情感上面，而这种情感来自持有和触摸自己手工制作的物品。

---

① 工作流是对工作流程及其各操作步骤之间业务规则的抽象、概括描述。——译者注

② 原文为"What's in your wallet？"这句话为美国第一资本公司（Capital One）的广告语。——译者注

法比奥·泰姆伯西为规模巨大的耐克公司工作，但他的成功来自把公司信息带到巴西的社区，让耐克品牌成为城市的一部分，而不是做表面文章。

许多公司都在进行调整，以满足本地群众自身利益的永恒需求。如果仔细观察，就会发现，其实匠心营销无处不在。

• 察看美国服装公司"知名供应"（Known Supply）生产的T恤上的标签，你会看到意想不到的信息——某位女士的签名。这些签名的女士是印度南部地区的女裁缝，名字包括拉姆努·凯文（Lamunu Kevin），帕欧罗·珀里莱斯（Paolo Perales）以及唐加马尼（Thangamani）等。把名字输入公司网站，就可以看到这些女裁缝的照片、阅读她们的故事。该公司的创始人科尔·克雷西柳斯（Kohl Crecelius）表示："我的理念是，如果我们能认识产品背后的人，我们购买产品的想法或许就会不同。我们就会意识到，我们的故事与其他人的故事是捆绑在一起的。"

• 许多新零售商都在借助科技和电子商务提升消费者的消费体验，香水公司"嗅觉"（Olfactory）和鞋业公司"锥子与杂项"（Awl & Sundry）就是这样的公司。消费者可以在这两家公司的门店自己调制香水或者设计并制作鞋子。一家名为"联盟"（Consortium）的实体店，专注于为消费者提供手工和定制的品牌商品，其中包括上述两个品牌。此外，耐克和阿迪达斯也都已经设立了旗舰店，允许消费者在一小时内设计并制作运动鞋。

- "本地采购"的说法越来越让人怀疑,"从农场到餐桌"也已经被滥用。因此,许多厨师经营自己的农场或者与现有农场建立长期伙伴关系,以便更好地兑现"就地取材"的诺言,赢得消费者的信任。

- 知名青少年休闲服装品牌美国鹰(American Eagle)在店内设立服装修改区,以便让消费者按照自己的意愿用补丁或其他材料对牛仔服装进行修补。

- 百事可乐收购了一家允许消费者在自己家里自制碳酸苏打汽水的小公司。

- 新加坡星展银行(Development Bank of Singapore,DBS)最近决定进军印度市场。星展银行在印度没有任何客户群,但该行并没有投入巨资做广告,而是与印度的一家知名咖啡连锁店合作,成立了没有营业网点的银行。客户在手机上注册后,就能够立即享受该行的服务。事实证明,与印度咖啡连锁店的友好合作,比设立传统营业网点更有效率。通过这种方法,星展银行成了印度社区的一部分,对民众表达关爱的同时也赢得了他们的信任。因此,在一年时间内,星展银行就在印度拥有了120万名新客户。

一家美国航空公司同样凭借匠心营销获得了成功。以下是捷蓝航空公司(JetBlue)营销总监希瑟·伯克(Heather Berko)的表述。

"我们虽然是大型公司,但通过深入了解地方语言和风俗,我们拥有了'当地态度'。我们花费大量时间讨论公司在目的地城市的意义是什么，以便在当地社区深深扎根。"

"其中的一个例子是，我们察觉到了波士顿的朋友们对入住日
（Move-In Day）的烦恼。波士顿是一座大学城，每年的9月1日，
80%公寓的租约到期，似乎所有人都在搬家。我们公司决定，在此期间
推出优惠机票，让波士顿的居民离开波士顿，逃离拥挤。我们希望传达
的信息是，我们是邻居，是波士顿的一部分，我们理解这座城市。"

"下面这个例子也表明我们确实深入了社区：在万圣节期间，
公司在社区设立临时的小屋。我们把小屋建得漂漂亮亮的，分发大块
糖果，孩子们纷纷赶来。于是，我们的小屋就成了社区最受欢迎的小
屋！公司还让当地的空乘人员深入社区，与客户进行面对面的交流，
这种交流与在熙熙攘攘的机场的交流完全不同，人们因而获得了完全
不同的体验。"

读完这一章，我希望大家采取下面的行动。

不仅仅是在一个城市而已，而要成为其中的一部分。

放弃控制，助力消费者成为"超级英雄"。

深入社区和贫民区，参加社区活动，直接抵达市场的发力点。

找到消费者内心深处的自身需求，在当地社区与他们建立情感联
结，向他们证明你理解并关心他们。

第六章
基于价值观的营销与意义探寻

尝试寻找市场定位的公司首先需要立场鲜明。

——《线车宣言》（*The Cluetrain Manifesto*）

在前面，我提到了菲利普·科特勒撰写的权威教科书——《市场营销原理》。为了撰写本书，我需要做一些研究。于是，我就去易贝（eBay）找到了这本我学生时代的教科书。当我满怀感情地翻阅这本书时，我惊喜地发现，即使按照如今的观点来看，这本经典教科书的许多内容在这个充满颠覆性变化的时代仍然并不过时。然而，我发现，这本书明显遗漏了些什么。换句话说，科特勒博士没有看到市场营销的一条重要原理。

市场营销最著名的原理之一，是必须重视四要素，即产品、价格、渠道和推广，以便评估和创造需求。

然而，在消费者的第三次反抗中，还必须考虑除经典四要素之外的另一个要素：目的。

我们生活在历史上最繁荣的时代。对我们中的许多人而言，基本需求已经得到了满足——食物、教育、住房和经济安全已经不再是问题。我们甚至还有美国著名主持人奥普拉（Oprah）和流媒体播放平台奈飞来丰富我们的生活。然而，我们还需要满足下一个需求：意义。我们会面临这样的问题：我们的目的是什么？我们是否正在创造不同？我们的行为是否重要？是否引起共鸣？我们的选择能否给世界带来积极影响？

伯纳黛特·吉娃（Bernadette Jiwa）[1]认为，在我们所处的时代，意义比金钱更重要。她表示："意义经济（Meaning Economy）催生了新的消费者，他们被那些能够表达他们价值观的品牌吸引。我们知道，当我们选择什么样的消费方式以及支持什么样的事业的时候，我们其实是在投票。换句话说，我们的选择将决定我们能够看到什么样的未来。我们支持那些慷慨并注重影响的企业。我们正在形成新的价值等式，用以奖赏那些用真心去做的工作以及那些把目的看得比利润更重要的企业。"

自2005年以来，"意义"在选择工作时的重要性日益上升。有调查显示90%的美国人愿意选择有意义、能够为社会做出贡献的工作，哪怕薪水低一些，他们也心甘情愿。对他们而言，意义就是新的市场营销。

在前面，我们讨论了消费者旅程的控制权是如何从公司手中转换到消费者手中的。这种转换创造了"货比三家"的消费文化，并

---

[1] 爱尔兰裔澳大利亚作家，商业创意教练。——译者注

且在大多数情况下会导致品牌忠诚度的消失。在本章，我将讨论为
什么基于意义的营销仍然是一种能够赢得忠诚度的营销战略。

让我们从分析一款普通的商品——丹宁服（Denim jeans）①的经
营战略开始，探寻知名青少年休闲服装品牌美国鹰是如何颠覆传统
营销规则的。

🔊 目的与立场

未来学家费斯·波普康曾表示："广告已经死亡，毫无用处，而文
化变成了新媒体。不要去购买广告，要把品牌的信念融入文化当中。"

显然，美国鹰公司对上述具有前瞻性的营销理念表示认同。

美国鹰是美国第二大牛仔服装销售商，总部位于匹兹堡。该公司
创立于1977年，最初只是一家利基（Niche，即细分市场）服装精品
店。目前，该公司有大约1000家店面，在美国的购物中心很容易找
到它。虽然这家公司经营的服装品种繁多，但重点是适合高中生和
大学生穿的牛仔服装。在美国，高中生和大学生的数量非常庞大。

由于该公司与青少年市场联系紧密，就应对消费者的第三次反
抗带来的消费者变化而言，我们可以把该公司视为领头羊。

---

① 丹宁（Denim）指斜纹织法的、靛蓝染色的粗斜纹布，也叫作牛仔
布。——译者注

让我们看一下这家公司近年来进行的活动。

• 有一次，一所位于佛罗里达州的高中发生枪击案，震惊美国社会。美国鹰立即作出反应，向其消费者发送邮件，呼吁他们参加反对枪支的游行，并将大规模游行的图片上传至照片墙。该公司照片墙账户拥有270万粉丝，因此有着巨大的影响力。

• 通常，普通人难以拥有模特的身材，但许多服装公司聘请模特拍照后，再用图片处理软件美化处理后进行宣传。美国鹰则另辟蹊径，设立了"美国鹰和我"平台，根据照片墙中的图片寻找真正的消费者。这一活动的图片都是消费者在学校和社区拍摄的。

这些都不是牛仔服零售商典型的营销行为，对吗？

可以预见的是，美国鹰发起的这些活动会引起争议。从照片墙上的一些评论可以看出，该品牌已经与相当一部分人存有分歧。在该品牌上传了一些要求控制枪支的游行的图片后，有人评论道："只做你们擅长的事情，也就是卖服装。"实际上，在部分城市甚至爆发了反对该品牌的游行。

为什么一个品牌愿意引发这样的争议？因为这正是消费者的需求。

美国鹰决定支持消费者推动社会进步的价值观，并非没有经过深思熟虑。

在商学院，我们中的绝大多数人学习的是著名经济学家米尔顿·弗里德曼（Milton Friedman）的经典理论。他告诫我们说，一家公司应该只从事能够增加股东利益的活动。他还认为，企业和社会是完全不同的两回事。他表示："企业的唯一社会责任，是利用其资源，并在游戏规则范围之内从事能够提高利润的活动。"

显而易见，目前的游戏规则与此前已经迥然不同。

公司应当去创造利润，这无可厚非。公司是一个组织，其成员都希望生存、发展和兴旺。事实上，对上市公司来说，要为股东谋取利益，必须要生存下去。就公司而言，生存意味着必须赢利。然而，在当今时代，生存还意味着要遵从伦理道德、善待大众以及担负起保护地球家园的责任。我认为，我们应当感谢消费者的第三次反抗，因为它要求沿着新的、更加具有远见卓识的道路去获取利润。

许多公司在进行商业活动时，力争使其符合更大的社会价值和文化价值，因为这些公司深知，这样做将为公司的长期发展带来益处。

🧰 意义事关重大

上述例子都是以意义为基础所进行的营销活动，绝不是短期的花招和噱头。选择立场并与消费者的价值观相连接，或许是当今世界我们赢得消费者忠诚度的唯一战略，或许已经没有第二种选择。

《哈佛商业评论》刊登的研究表明，围绕消费者忠诚度，有以下三个常见的谎言。

谎言一：消费者希望与品牌建立关系。

事实：77%的消费者不希望与品牌建立关系，他们真正希望的只是折扣。

谎言二：与消费者互动有助于提升两者之间的关系。

事实：不，不会。消费者已经对信息泛滥感到疲惫不堪。

谎言三：互动越多越好。

事实：错。互动次数与消费者忠诚度没有关联性。

该研究表明，毫无疑问，只有一件事是消费者忠诚度的主要驱动力，那就是：共同的意义。

共同的意义是品牌和消费者关于品牌价值观或更广泛理念的共同信仰。我们看到，美国鹰和耐克这两家公司已经把这一信仰付诸实践，而更多的公司正在传递基于价值观的品牌立场。

• 在美国职业橄榄球冠军赛"超级碗"比赛期间，民宿短租平台Airbnb发布了主题为"我们接纳"的广告，抨击美国的移民政策。这条广告用蒙太奇的手法展现了不同国家和地区的人们的形象，并配上了这样的文字："我们相信，无论您是谁、来自何方、热爱谁，我们都属于这里。您接纳得越多，世界就更加美丽。"

• 宝洁公司推出了"我们看到了平等"活动，反对性别偏见和职场不公。

这些品牌已经勇敢地站了出来，更加积极地投入社会进步事业。背后的原因是，它们的消费者也正在做同样的事情。

爱德曼（Edelman）国际公关公司的研究表明，67%的消费者表示，如果自己和某个品牌在某个争议话题上立场一致，就愿意在不考虑其他条件的情况下去尝试该公司的产品。65%的消费者表示，如果某个品牌在他们认为重要的社会问题上保持沉默，就不会购买该品牌的产品。

爱德曼的此项研究对8个国家的8000名公众进行了调查。结果发现，与产品特点一样，公司在某个社会问题上的立场，同样能够驱动消费者的购买欲望。

爱德曼首席执行官理查德·爱德曼（Richard Edelman）表示："人们希望与那些能够代表什么或者代表一种变革力量的品牌建立联系。如果品牌态度鲜明地表明立场，它们就会赢得回报。近25%的消费者表示，如果自己的价值观与某个品牌一致，就愿意多花至少25%的钱去购买该品牌的产品。51%的消费者则表示，愿意以共同的价值观为基础选择品牌。"

数据具有说服力。对品牌而言，深思熟虑、表明立场，是当今世界为数不多的能够获得消费者忠诚度、拥戴甚至更高定价的路径之一。

🔊 公司的发展离不开价值观

并不是只有消费者要求公司积极参与社会活动。金融市场同样给公司施加了压力。

2018年，资产管理公司黑石集团（BlackRock）向商业领军人物们发出的一项警告，震惊了华尔街。黑石集团表示，赢利不是唯一目的。任何公司如果希望得到黑石集团的支持，都必须为社会做出贡献。

黑石集团有资格提出上述要求，因为该公司旗下的资金管理规模超过6万亿美元，位居世界首位。该公司影响力之大，足以决定其他公司董事的去留。

黑石集团时任首席执行官写道："当前的社会要求上市和非上市公司都必须提供社会服务。每一家公司，如果希望长期发展，仅展现业绩还不够，还必须向公众展示它是如何为社会做出积极贡献的。"

"如果一家公司不参与社区活动，不具有服务社会的目的性，大股东最终将会抛弃该公司，使其丧失经营能力。"

《纽约时报》（The New York Times）将黑石集团的警告视为"分水岭"，称其提出了关于资本主义的本质的各种问题。这家全球最大的投资公司不但要求公司不能只谋取经济利益，并且表示要惩罚那些眼中只有金钱的公司。这本身就是振奋人心的例证，不但证明美国企业已经发生了变化，而且证明消费者的第三次反抗带来了不可否认的影响。

戴尔公司（Dell Technologies）的全球数字战略总监艾利逊·赫尔佐格（Allison Herzog）表示："目前，我们甚至看到我们的客户在采购询价单上讨论价值观。当前，客户希望与那些具有良好价值观的公司保持一致，同时还要求价值观必须在公司的各个层面得到统一体现。"

📁 品牌需要与人联结

在前面，我们讨论并强调了"人性印象"对长期营销战略的重要性。要知道，人们信任的不是公司，而是人。从现在开始，这种信任必须成为企业和消费者联结的工具。

当公司直言不讳、勇于表达立场时，消费者希望这种态度来自公司的管理层，来自公司的经营者。

93%的消费者表示，如果一家公司的首席执行官就紧迫的社会问题发表与他们一致的看法，他们就更可能会购买这家公司的产品。

这种人与人之间的联结，这种真切的声音，体现了公司立场背后的庄重感和同情心。当前，担任领导并不仅意味着需要全面掌控公司的运营状况、确保公司发展和资产负债表良好，担任领导还意味着"您就是品牌"。

我们看到，就与新的消费者的现实状况相联结而言，大多数公司反应不够敏锐、动作缓慢。

下面我再举一个例子，说明营销机构和营销人员已经落伍。杜克大学（Duke University）和德勤咨询公司（Deloitte）的研究人员发现，83%的首席营销官认为，品牌不应该在具有争议的问题上表明立场。如果把大学的首席营销官（他们在首席营销官里面属于边缘群体）排除在外，上述比例会攀升至90%。

我们再次遇到问题。

消费者告知品牌："表明立场，我们会对品牌表示忠诚。"

金融市场表示："表明立场，否则我们不会支持你。"

营销机构和营销人员则说："不，谢谢！"

你认为谁会最终胜出呢？如果你的回答是"消费者"，那么恭喜你，我的朋友，因为你从本书中确实学到了一些东西。

我并不是在取笑营销行业的那些领导，而是在对他们表示同情。我相信，在这个世界上，没有任何一名首席营销官的职责规定里面会有这样的话："尽力激怒公司的客户群，以便让他们在大街上焚烧公司的产品。"

当然，如果公司在有争议的问题上表明立场，公司或许会面临风险。

• 前文提及的航空公司表明了反对美国步枪协会（National Rifle Association of America，NRA）的立场之后，该公司的一些忠诚度较高的消费者怒气冲天（up in arms）。（也许我的用词不当，但你明白我要说什么。）①

• 麦当劳推出了一个特别的标识，庆祝国际妇女节，却引发了人们对该公司低工资政策的抗议。

• 咖啡和咖啡机的加工和生产商克里格（Keurig）在政治压力下从一个热门、保守的脱口秀节目撤掉广告之后，"抵制克里格"立即成了社交媒体的热门话题。有些消费者上传了他们砸毁克里格咖啡机的视频，他们用实际行动对该品牌进行强有力的抵制。

💼 相关性

尽管品牌采取立场会面临风险，但或许同时也是重要的机会，有利于更新陈旧的品牌形象，并发现品牌与消费者之间新的相关性。

恩索公司（Enso Agency）曾对150个品牌进行了评分，评分标准为消费者对这些品牌目的的认同性、品牌目的与消费者价值观的一致性，以及品牌目的在赢得消费者和促进销售方面的贡献率。

评分结果表明，出生于不同年代的人们，对同一个品牌的看法相去甚远。例如，虽然宝洁公司每年的广告支出为70多亿美元，但如果按照受消费者尊重程度进行排名，"婴儿潮一代"②认为

---

① "Up in arms"意为"怒气冲天""武装斗争"等。由于此短语中"arms"有"武器"之意，而美国步枪协会反对枪支管制，因此作者认为自己"或许用词不当"。　——译者注

② 在美国，"婴儿潮一代"是指第二次世界大战结束后，1946 年初至1964 年底出生的人。——编者注

宝洁公司位列第12名，而千禧一代认为该公司排名第103位，差距巨大。

包括象牙牌香皂在内的许多宝洁公司旗下的品牌都在市场上苦苦挣扎，步履维艰，除非能够赢得青年消费者的认可。该公司将面临销售以及品牌资产继续下滑的风险。与此类似，美国汽车协会（American Automobile Association，AAA）、雪佛兰、辉瑞和三星等品牌在千禧一代心目中的排名要比在"婴儿潮一代"心目中低得多。

部分知名品牌在青年消费者心目中表现不佳，背后有具体的原因。有时候，这些品牌产品的对象主要是老年人，辉瑞的药物产品就属于这种类型。有时候，文化大趋势对品牌不利。例如，对青年人而言，拥有汽车的重要性正在下降（对AAA和雪佛兰不利）。

然而，对大多数品牌而言，上述不利因素并不存在。它们的业绩之所以不佳，是因为品牌没有关联性。在千禧一代中，68%认为"为世界创造变化是自己积极追求的个人目标"。相比而言，在"婴儿潮一代"中，只有42%表达了同样的价值观。

意义对千禧一代非常重要。现在的问题是，经历了历史考验的品牌如何才能与青年人建立相关性？对这一问题的简短回答就是：创造更多的意义。

如果我们审视一下表现良好的品牌，就会发现，这些品牌当中许多都具有明确的、以价值观为导向的使命。美国母婴用品公司"真诚公司"（The Honest Company）在产品透明度和健康家庭理念方面立场鲜明，被千禧一代评为位居第34位的最受消费者喜爱的品牌，婴儿潮一代将其排在第84位。星巴克（Starbucks）在道德采购、社会正义以及环境保护方面有积极的立场，千禧一代和婴儿潮一代分别将其列为榜单上的第25位和第111位。

同时，甚至宝洁公司也在迎头赶上。该公司通过名为"像女孩一样"（Like a Girl）的营销活动推出了"Always"系列女性产品，把"像女孩一样"的短语成功营销成了赋予女性力量的感人信息。在千禧一代的心目中，这家历史悠久的品牌位居上述榜单的第29位。

在《哈佛商业评论》的一篇经典文章里，现代营销学奠基人之一西奥多·莱维特（Theodore Levitt）提出了这样一个著名的问题："你在哪个行业？"他的要点是，铁路行业的人们认为他们是在铁路行业，但是他们却被汽车、卡车和新的高速公路系统颠覆。如果他们当初能够认识到，他们其实是在交通行业，而不仅是在铁路行业，他们或许就能够把握住趋势，抓住汽车行业带来的"风口"。他把公司这种无法把目光投向业务领域之外的现象称为"营销短视症"。

对那些正在脱离相关性的品牌而言，历史的悲剧仍在重复上演。有些公司已经不是在提供产品或服务，而是仅以赢利为目的。营销短视症依然屡见不鲜，部分营销总监没有采取行动去驱动急需的变革，因为他们认为，他们只是在出售可以触摸得到的产品。

💼 适用性

基于价值观的营销战略是否适用于每一家企业？证据表明，答案是肯定的。

在消费者的第三次反抗中，消费者希望企业表明立场，并通过共同价值观的交流，强化他们在生活中存在的意义。然而，这是不是意味着每家公司都应当借助具有争议的立场来创造意义呢？

不，当然不是。

有时候，我们洗车只是因为车脏了，我们吃汉堡仅是因为味道不错。请不要过分解读。

这本书的目的只是提供一个路线图，而不是发表宣言。你必须自己判断哪些对你来说是正确的——更重要的是，判断出哪些对客户群来说是正确的。

我所希望的是，你能清醒地面对当今的现实状况，并把它们当作机会而不是威胁。请睁大眼睛、理清逻辑，做出最符合你所在的组织机构切身利益的决定。

虽然以价值为基础的营销战略或许意味着公司表明立场后会惹怒部分人，但是，寻求一致的价值观和提供意义，并不一定意味着去制造争端、引起纷争。

每一家公司都有机会向消费者展现希望、爱和团结，而这种展现不一定要通过具有争议的事件来进行。

🔊 具体措施

关于基于价值观的营销，我研究过几十个成功或失败的案例，并总结出了一些共性的问题。如果你觉得这种营销战略适合你，我下面的建议也许会助你一臂之力。

如果你的品牌应该表明立场，那么，你应该考虑什么问题呢？

1. 明确价值观

爱德曼全球战略总监大卫·阿马诺（David Armano）表示，公司如果希望明确内部价值系统，需要做以下三件事情。

（1）发现目的。首先询问自己：为什么要做现在正在做的事情？仅仅是由于传统上的原因？还是公司存在的理由需要用现代的眼光来更新？

（2）正视社会紧张关系。明确价值观之后，要进一步弄清楚，你的价值观如何与消费者链接？什么事情妨碍了消费者践行他们的价值观？正视社会紧张关系并将其与品牌的价值观相协调，有助于找到目的以及行动方向。

（3）发出独特的声音。如果公司的目的正确，那么，以符合公司使命和特点的方式明确表达公司的"真北"（即愿景），就能够让公司与众不同。最终，公司的目的就能够起到过滤器的作用，确保公司所有的行动和沟通都符合公司价值观的要求。

2. 建立牢固的一致性

当前，市场营销并不仅要解决公司的"为什么"的问题，还要解决消费者的"为什么"的问题。

一些公司所表明的立场非常合乎逻辑，因为那些立场与它们的核心使命以及消费者的价值观具有一致性。

一直以来，品牌识别（Brand identity）一直是增加销售和确保增长的最重要因素。然而，在当今世界，品牌不再仅仅是一个符号、标识或者宣传词。品牌必须包含承诺，要告知消费者他们将在情感上甚至价值观上得到什么样的体验。

3. 控制风险

如果你决定表明立场，请不要改变主意。否则，你有成为模因（Meme）①的风险，情况甚至有可能更糟。做出表明立场的决定，需要在研究和领悟的基础上仔细思考。

4. 保持一致

如果公司的价值观是一次性的，或者只是为了抓住热点、吸引眼球，那么，表明立场行为的效果可能适得其反。在品牌立场战略获得成功的所有案例中，这些品牌都毫无例外地表现出了一个共同点，那就是始终如一地借助多种方式展现其价值观。

对品牌而言，如果希望其基于价值观的市场营销战略获得成

---

① 模因（Meme）是指在同一个文化氛围中，人与人之间传播的思想、行为或者风格。——译者注

功，那么其价值观不但要与消费者保持一致，也要与品牌的行动保持一致。

美国鹰公司在营销活动中展示了其价值观，同时也将资金、影响和人力服务于其价值观，展现了该公司的领导力。

营销不仅是做出承诺，更重要的是要兑现承诺。

5. 行动大于言语

人们希望得到的绝不仅是广告宣传中的花言巧语和空头许诺。正因如此，在与消费者的交流中，公司需要积极主动，采取实际行动，对消费者的事业提供支持。

微软首席执行官萨提亚·纳德拉（Satya Nadella）写道："跨国公司形成的模因无法持续下去。换句话说，跨国公司不能只是没有灵魂、冷酷无情的实体，不能进入一个国家或地区仅是为了'收租'而已。跨国公司的工作比以往任何时期都更加重要。它们需要能够在世界上任何地方运营，为当地社区做出积极贡献，刺激经济增长，鼓励竞争，并为所有的人创造机会。我们需要问自己这样的问题：我们如何才能帮助当地合作伙伴和创业公司成长？我们怎样才能帮助公共服务部门提高效率？我们怎么做才能帮助解决社会最紧迫的问题？"

6. 提供创造性建议

展现品牌和消费者的价值观，必须充满自信，但切勿狂妄自大。一个品牌如果认为自己就是解决方案，那就未免太过傲慢无知，因为品牌只能是通向解决方案的桥梁或者讨论平台，而这样的桥梁和平台，需要获得专家创造性建议的支持。

对品牌而言，损害形象的最快方式是，目的良好但方式不当。

7. 准备迎接挑战

作为一个组织，公司必须在各个层面保持一致，并做好充足准备，以便能够在某些消费者群体对公司价值观发起挑战时，做到有备无患、积极应对。部分消费者群体会反对公司的价值观，这并不意外。你需要问一下自己：你们的公司文化是否能够经受得起争议事件的考验？你个人的职业生涯是否能够经受得起这样的考验？

此外，不要忘记为公司内部的反应做好准备。如果你表明了消费者喜欢的立场，但你的员工激烈反对，你还能继续把公司经营下去吗？

8. 先发制人

如果你的消费者期待你表明立场，并与他们的价值观保持一致，而你没有按照他们的要求做，那么，事实上你也表明了立场。

这样做或许会使你容易受到伤害。如果你没有表明立场，而你的竞争对手却发起了基于价值观的广告营销活动，在这种情况下，会有什么风险呢？

价值观有很多种，公司可以充分发挥价值观的作用。美国鹰公司经过研究，决定采取支持枪支控制和公民自由的立场，并将其视为高度集中、勤于进取和锲而不舍的战略。我认为，美国鹰的竞争对手目前不会去模仿这种战略。美国鹰赢得了核心消费者的信任，不仅是因为该公司和消费者的价值观保持一致，更重要的是，它是同行业中第一家这样做的公司。

在这里，我想再次强调，我并不是在教导什么。你必须为自己的企业做决定，我只是在提出一些建议供你选择。

9. 制订应急预案

在我们这个飞速变化、纷繁复杂的世界里，对每个不测事件都做好准备并不现实。即使是经验丰富、见多识广的专家，也无法预测什么事情会突然引起巨大争议。因此，我们要报最好的希望，做最坏的打算。如果你的公司决定在某件具有争议的问题上表明立场，请保证至少在发布声明后的一段时间内，公司有高管团队和公共关系专家应对此事。

◁» 积极参与

通过表明立场去展现公司的价值观，并不一定会耗费巨大资金、充满风险或曲折复杂。

你可以做的事情有很多，包括在社区内找到那些与公司价值观相同并需要帮助的人群。赞助他们的活动、捐赠公司产品并最好去现场提供服务，让人们亲眼看到公司确实很在意他们。不要只是伸出援手，还要成为那只援手。这才是人们从公司这里希望得到和需要得到的。

用人性营销留住商机！

赶快行动吧！奋力进取，在你所在的社区打造这样的公司！

简而言之，品牌就是信任。

——史蒂夫·乔布斯

在我们重塑"营销的一切关乎人性"的企业战略时，在我们的前进道路上有一块超级巨石。它就是：科学技术。

科学技术已经成为营销的"敌人"。

我知道，这简直耸人听闻，因为你热爱科技。或许你会火冒三丈，想给我发一条愤怒的推文，捍卫科学技术的伟大以及"营销技术堆栈"（MarTech Stack）[①]的高效性。

然而，能不能请你先把发推文的事暂时放一放，听我把话说完？科技并非坏事。实际上，科技的问题是它太好了。科技高效、便捷，给人们提供了诸多便利。因此，我们习惯于一旦遇到营销问题就去求助科技，即使在我们不应该求助科技的时候也是这样。这

[①] 营销技术堆栈（MarTech Stack）是一组基于技术的工具（如传统软件、社交媒体工具等），营销人员可以通过多种渠道高效和有效地执行营销活动。——译者注

样做就像是打开了潘多拉的盒子，麻烦会接踵而至。

在利用科技进行营销时，我们对科技的不恰当利用，导致了对消费者的不尊重。我们在这方面存在的问题包括以下四点。

1. 过分打扰消费者

去年，我注意到客户关系管理（CRM）软件的服务提供商"销售力量"（Salesforce）在其网站上推出了一个免费研究报告。我对那个报告比较感兴趣，并且我一贯认为这家公司特别优秀，同时也非常敬佩和信任它。虽然当得知他们需要我提供头衔、电子信箱甚至手机号码时，我产生了一丝怀疑。但是，我愿意对我喜爱的公司表示信任，于是就向他们提供了上述信息。

然而，在随后的24小时之内，我受到了如下打扰。

- 一名销售代表给我打来电话；
- 同一名销售代表发来了电子邮件（在我明确表示不感兴趣之后！）；
- 收到一场网络研讨会的邀请函；
- 收到一封基于博客的新闻简讯；
- 收到一封有关国防工业的新闻简讯，而我对国防工业丝毫不感兴趣。

由于受到频繁打扰，我向那名销售代表提出了抱怨。然而，我的抱怨如同石沉大海，再也没有收到回复。我想验证这是不是该公司的一贯作风，于是我就表示愿意下载另外一份报告。果不其然，令人讨厌的打扰再度来袭，相同的事情又重复了一遍。这一次，他们在我生日派对的时候给我打来了电话，令我十分扫兴。

这件事情让我感到非常不愉快，我对该公司也失去了信任。于是，我把我的经历在博客上写了出来（到目前为止，我没有收到任何回复）。

整个事件简直太夸张、太富有戏剧性了吧！此前，我一直十分佩服这家全球知名公司。然而，这家公司却使用营销自动化技术，把它的一位热情、忠实的支持者转变成了怀疑者，并且其还在博客上给予负面评价，受影响的民众数以万计。

显而易见，这不仅仅是一家公司的问题。那些不重视消费者权利，用各种垃圾邮件和手段干扰消费者生活的公司，都存在这样的问题。消费者对此进行反抗，也就不足为奇了。

我只是想下载一份文件，但这绝不意味着我愿意成为销售人员的"线索"，更不意味着别人有权干扰我的生活，用电话、邮件以及我没有订阅的新闻简讯对我进行狂轰滥炸。

许多营销、广告和公共关系等行业已经迷失在科学技术的迷雾之中。这些行业拥有很多聪明的人和先进的科学技术，但如果它们诱骗人们点击链接或透露电子邮件地址，最终可能会引起人们的反感。

相比而言，医学界正在利用最新科技去治愈疾病、延长人类寿命；物理学界则在科技的帮助下去探索宇宙起源和太空未知的奥秘。

可悲的是，在我挚爱的营销行业，科学技术的首要用途却是绞尽脑汁、寻找自以为聪明的手段、不分时间和地点地肆意打扰别人。

我们可以做得更好，也必须做得更好，因为上述不道德的做法事实上效果适得其反，不但没有取得营销效果，反而是火上浇油，导致消费者的第三次反抗更加激烈。消费者会和我一样大声呼喊："我不想被控制，不想被操纵。我不愿忍受营销行业的不当行为。我是消费者，但市场营销的掌控权由我把握。请尊重我。"

虽然当今世界的竞争异常激烈，但无论如何，如果公司采用的科学技术迫使消费者进行反抗，那么公司恐怕不会有什么好结果。如果你身处营销行业，就要做一名称职的营销员，一切以消费者为中心。保护你的品牌，保护你的消费者，这是市场营销的原则。然而，我们为什么已经忘记了这一原则呢？

我本来愿意对"销售力量"公司表示忠诚，因为我曾热爱这家公司。不幸的是，正是他们的营销使我失去了对该公司的忠心。

上面所说的这个故事虽小，但实际上是更严重"疾病"的征兆。

当前，营销行业的核心、灵魂和最真实的激情正在消失和消退，因为我们过分夸大了科技的功能，使营销行业迷失了自我。营销战略的决策者是数据科学家、搜索引擎优化师以及统计师，但他们只会躲在某个地方做A/B测试[1]。我认为，现在是收回营销战略决策权的时候了！

---

[1] A/B 测试，也称为分割测试或桶测试，是一种将网页或应用程序的两个版本相互比较，以确定哪个版本的性能更好的方法。——译者注

2. 滥用科学技术

我不反对科技和数据。事实上，我本人是一名数据极客。如果我们能够以更加人性化的方式利用科技，那么科技的许多功能一定能够在营销行业的广阔空间里找到重要的位置。如果方法得当，营销自动化就会在不知不觉中为消费者提供服务。然而，当我们的营销战略建立在统计数据之上而不是消费者真实需求之上时，我们就越界了！

弹窗广告就是一个典型的例子。

所有的研究报告都得出这样的结论：消费者对弹窗广告深恶痛绝。虽然弹窗广告或许能够稍微提升新闻简讯的订阅量，但是，目前没有任何一个有理性的营销专业人士会认为公众喜欢这种疯狂的干扰方式。

然而，如果你询问营销人员为什么那么做，他们会说："因为起作用。"

但是，人们讨厌弹窗广告。

然而，弹窗广告起作用。

因此，弹窗广告就层出不穷。

事实上，弹窗广告发明人伊桑·祖克曼（Ethan Zuckerman）于2014年在《大西洋月刊》（*The Atlantic*）发表长文，为他的发明郑重道歉。他把弹窗广告称为"互联网的原罪"并请求企业界"抛弃它们"。

在营销领域，科技被错误利用的另外一个例子是线索培养。这种做法非常流行，它实际上是在告诉消费者："在你屏蔽我之前，我会一直用电子邮件对你进行狂轰滥炸。"这种做法本来很荒唐，但当人人都这么做的时候，似乎又变得可以接受。其实，我们之所以这么做，只是因为我们害怕不去这么做。

营销行业滥用科学技术、不尊重消费者的案例还有很多。下面，再列出一些这样的例子。

• 许多智能电视的内置智能软件，能够跟踪你的观看记录和习惯，并把相关信息传送到公司总部。提倡保护隐私的人们担心，电视观众，尤其是老年观众，在点击按钮、表示同意服务协议和设定复杂的隐私设置时，由于信息不对称，他们其实是被蒙在鼓里的。我不禁要问，我们只是想观看电视节目，为什么还不得不担心隐私设置的问题？

• 自动语音电话（Robo-calls）泛滥成灾。自动语音电话使用"欺骗邻居"的技术，使用虚假的本地号码拨打电话，欺骗人们去接听。因此，我要发出这样的疑问：哄骗消费者难道是一种营销战略吗？

• 广告商正在想尽办法，让广告能够突破智能设备上的拦截功能。这其实是广告商正在对消费者的反抗发起反击。广告商希望突破广告拦截，迫使那些使用拦截软件的人们观看更多广告，对他们进行惩罚。我的问题是：这样做有道理吗？

• 通过群发电子邮件进行营销，成本低廉，甚至只要有一个人回复邮件，就会让邮件发布者觉得没有白费力气。科学技术的高效性，实际上鼓励了营销机构和营销人员去滥用科学技术。有人这样向我解释此种行为："我们必须狂轰滥炸，因为平均每发出100万封邮件，就会收到一封回复。或许我们运气不错，能够在恰当的时间正好把邮件发给需要的人。"没错，有这种可能。可是，与此同时，你们用垃圾邮件骚扰了近百万个无辜的人！

这些情形让人有一种既奇怪又熟悉的感觉。这是因为，由于市场恶性竞争，市场营销存在的问题在一百多年前就已经开始暴露，难道不是吗？现在，我们只不过是在重蹈覆辙而已。

不幸的是，市场营销存在的问题只会变得越来越糟。全球权威咨询与服务机构福雷斯特（Forrester）预计，至2022年前，首席营销官们在营销自动化、广告科技以及数据库方面的投资将超过1220亿美元。然而，只有28%的首席营销官认为，他们的内部人才有能力掌控现有的科学技术。

我担心，类似《少数派报告》（*Minority Report*）[1]中的人脸识别技术、可穿戴追踪设备以及高度逼真的聊天机器人等新科技的应用，将导致营销行业新一轮的对科技的滥用，进而造成令人毛骨悚然的结果。令我感到忧虑的是，我们身处的营销行业，已经成为最遭人憎恨的行业。

---

[1]　《少数派报告》（*Minority Report*）是由史蒂文·斯皮尔伯格执导，汤姆·克鲁斯等人主演的科幻悬疑电影。——译者注

3. 把科技当作"快捷键"

我曾经在一家国际包装公司担任营销总监。当时，每年我们都会到世界各地出差，系统性地面对面拜访客户。在这个科技日新月异、在线调查易如反掌的世界里，我们的做法似乎是在浪费时间和金钱。然而，事实证明，正是这种做法挽救了我们公司的命运。

有一年，为期两个月的客户拜访活动接近尾声，我和我的一个同事正在拜访第十批客户，也是我们那次出差需要拜访的最后一批客户。在此之前，我们两人已经了解了许多客户的情况，但长期出差使我们感到有些疲惫。因此，想到拜访活动马上就要结束、归期在望，我们俩都很高兴。

在最后一次客户会面马上就要结束的时候，我和同事已经开始收拾东西准备离开。这时，一名在一家大型软饮料公司负责包装业务的专家突然漫不经心地说道："顺便问一句，你们看到政府关于某化学品的最新报告了吗？很显然，美国食品药品监督管理局已经发现了什么，该化学品或许存在健康风险。"

我和我的同事大吃一惊。我们此前不知道那份报告，因为它只是一份初级报告，来自一个鲜为人知的部门。事实上，知道那份报告的人非常少。

我的那名同事是我们公司的技术负责人。他马上进行了一番调查，结果发现，那份报告还远远谈不上是结论性的意见，至少需要几年时间才能确认报告的结论。即便如此，我们公司还是遭遇到了真正的挑战，必须为我们的产品寻找新的涂层替代品。更换食品包装是一项浩大的工程，往往需要几年时间进行试验，投资动辄高达几百万美元。当我们决定更换那种化学品时，公司内部不止一个人质疑，因为他们不明白，公司在遵守各项法律的情况下为什么要那么做。

事实证明，得益于客户的提醒，我们领先了一步。5年后，那份报告里面提到的那项研究结项，《华尔街日报》（*The Wall Street Journal*）在头版报道了研究结论。在那个时候，我们公司的所有包装产品都已经提前几年摒弃了那种化学品。可以说，客户的提醒挽救了我们公司和我们的消费者。

需要指出的是，如果只进行在线调查和访谈，不与客户进行面对面交流，我们公司就不会取得上述突破。无论我们的在线"倾听"软件多么先进，那个客户的先见之明恐怕不会出现在社交媒体的图表上，也不会出现在博客的评论区中。

我们都明白，这种人与人的联结不可替代。然而，许多人不听劝阻，一意孤行，试图寻找营销的"快捷键"，结果却切断了与消费者的情感联结。要知道，有时候科技会让我们变得无精打采、懒惰透顶。

品牌营销大师马丁·林斯特龙（Martin Lindstrom）曾表示："一年前，我在纽约举行的一次全球商业论坛上发表演讲，听众有5000人。在演讲过程中，我提问'在去年一年的时间里，你们当中有谁曾和消费者坐在一起谈话？'结果，只有20个人举起了手。要知道，总共有5000人！这就是目前营销行业所面临的主要问题。"

4. 无孔不入

当人们抱怨"营销毁掉了一切"的时候，在大多数情况下，人们真正感到不满的是干扰他们生活的程序化广告、泛滥的垃圾邮件、塞满邮箱的实体广告以及无休止和令人讨厌的机器人推销电话。虽然营销和广告的功能不同（事实上，我认为广告是营销的一部分），但是在消费者眼里，两者的功能没有差别。

我希望给大家提供一条以人为本、基于价值观的营销路径。因此，讨论自动化、数字营销以及营销科技的弊端是无法避免的事情。

我在此前的章节中曾表示，我们正在走向没有广告的世界，并且这一趋势不可逆转。如果能够摆脱惹人讨厌的广告，人们就会有获得自由的感觉。从这一角度看，我的上述论断是正确的。100多年以来，人们一直在反抗无关的、侵入式的广告。然而，就目前而言，如果没有广告和营销投资，互联网公司可能无法生存。

1994年，两位在大学工作的人在美国《广告学刊》（*Journal of Advertising*）发表了名为"广告的消亡"（*The Death of Advertising*）的文章。然而，从那时到现在，广告业的产值翻了一番。因此，如果我认为广告即将消亡，那么我恐怕太过愚蠢。我不会成为愚蠢的人，也请大家不要转发我说的这句话。至少在现在，广告业对世界经济来讲依然不可或缺，并且其模式在可以预见的未来仍然不会被替代。

近几年，全球广告业年均产值为1万亿美元，并且仍呈增长的态势。全球广告投入的年增长率一般在3% ~ 4%，这就让我心生疑惑：

既然大部分人不看广告或不信任广告，这笔巨大的资金投向了哪里？

显而易见，大部分广告费流向了数字广告领域。通过社交媒体制作和发布广告非常方便，因此，目前发布广告的组织机构的数量超过历史上任何一个时期。任何人，只要有10美元，就可以发布精准、及时和效果可以衡量的广告。

然而，为什么"定向在线广告"不能轻松地解决我们的问题呢？答案很简单，因为在线广告虽然是我们的希望所在，但在线广告是有史以来最被无视的广告形式。有数据表明，显示次数为10万次的广告竟然连1次也没有被点击，这种情况并不奇怪。或许是因为，许多广告推销的是我们已经购买过的产品！

正如被数字广告长期支持的媒体业一样，数字广告业本身也是"山雨欲来风满楼"，面临着巨大的变革。

美国互动广告局（Interactive Advertising Bureau，IAB）首席执行官兰德尔·罗森伯格（Randall Rothenberg）表示："在线上媒体刚刚起步时，业内人士做出的基本选择是不向读者收费，广告将能够创造营收。现在看来，当初的决策是许多问题的根源。"

长期以来，罗森伯格领导的互动广告局致力于为在线广告设立较高的标准。在一次演讲中，罗森伯格恳请数字广告业"对给世界造成的影响担负起公民责任"。然而，他承认，数字广告业的发展和变化非常迅猛，以至于许多人无法理解该行业的道德窘境和过度泛滥，更不用说去解决所存在的问题了。

罗森伯格称："科学技术的进步日新月异，速度之快令许多公司目不暇接，甚至根本不明白发生了什么。"

我们怎么才能解决上述矛盾呢？

值得庆幸的是，越来越多值得尊重的专业人士勇于发声，抗议市场营销行业对科技的滥用。例如，美国知名科技记者沃尔特·莫斯伯格（Walt Mossberg）就呼吁进行改革。

"当前，网站上和应用程序中经常充斥着令人厌恶的广告，这些广告制作质量低劣，过分程序化，还侵犯我们的隐私。由于前置式广告太长、太无聊，很多用户只得放弃观看视频。用户们为了把自动播放的视频广告调至静音，几近发狂。"

"尤其是一些公司自动投放的程序化广告，质量低劣，一再重复。此外，虽然一些广告商在撰写文案或制作视频时尽量做到看上去像正常内容，但其广告形式仍然摆脱不掉人文加工的痕迹。"

"如果营销行业不尽快变革，消费者将代替我们进行变革。"

作家和未来学家杰伦·拉尼尔（Jaron Lanier）在其TED演讲中表示，市场营销行业处境艰难，互联网走上歧途。

推特前首席执行官、媒体平台"媒介"（Medium）创始人埃文·威廉姆斯（Ev Williams）曾发帖，对不道德的广告模式进行抨击："很明显，互联网上受广告推动的媒体是不正常的系统。简而言之，这个系统不是为大众提供服务的，它也没打算这么做。我们每天看到的绝大多数文章、视频和其他内容是由一些公司直接或间接付费的，这些公司付费就是为了达到它们的目的。实际上，内容按照其实现目的的能力大小被评估、放大和奖赏。就是这么直白。最终，我们只能得到现在的结果，并且将来会越来越糟。"

作为解决办法，威廉姆斯在其媒体平台"媒介"上停止了这种广告模式，取而代之的是订阅模式。（我是首批订阅者之一，希望你也去订阅！）

具有讽刺意味的是，我们前面所提到的营销行业存在的问题，不是技术性颠覆和消费者行为转换导致的，而是我们这些营销行业的从业者导致的。

营销人员往往被短期的算法结果所支配，忽略了与消费者建立信任关系和进行公平价值交换。

菲利普·科特勒的名言"营销的一切关乎人性"似乎成了遥远的记忆。那么，在市场营销领域，我们应当有怎样的思考、采取怎样的行动，才能以对消费者表示尊重的方式恰当地利用科技呢？

🔊 两相情愿，等价交换

美国男士内衣品牌汤米·约翰（Tommy John）的首席营销官乔希·迪安（Josh Dean）表示："广告代理行业将会发生翻天覆地的转变。目前，一切都程序化、自动化，我们甚至不知道发生了什么，也不知道资金投向了哪里。我们已经忘记了人与人的情感联结，忘记了人的因素。我们需要两相情愿的营销。"

对数字原生代（Digital natives）①的营销必须两相情愿：我们同意放弃一些东西（数据、反馈和金钱等）来换取相称的商品和服务。然而，由于营销自动化的广泛应用，广告商和消费者之间的力量平衡被打破，广告商收集大量数据，处于支配地位，导致价值交换在大多数情况下并不存在。

数字营销机构社会部落（Social Tribe）创始人兼首席执行官梅根·康利（Megan Conley）认为市场营销需要三个转变。

"企业希望消费者按照它们事先规划好的路径行进，但那些路径并没有征得消费者的同意。这样就会让消费者觉得有人企图控制或操

---

① 数字原生代（Digital natives）意为 20 世纪八九十年代出生的人，一出生就面临着一个无所不在的网络世界。对于他们而言，网络就是他们的生活，数字化生存是他们从小就开始的生存方式。——译者注

纵他们的行为。在这里，问题的关键是消费者如何选择，是加入还是退出，以及消费者的自由意志是怎样的。我认为，消费者并不抵触忠诚度，但他们希望营销活动要事先征得他们的同意。每个人都希望获得尊重，因此，企业需要创造条件，让消费者旅程的每一个阶段都由企业和消费者共同创造。我认为，这就是当前市场营销所需要的第一个转变。"

"在市场营销的起始阶段，看到一个广告后，消费者无法与其互动，也别无选择。随着社交媒体的兴起，互动的障碍被打破。目前，消费者希望谈论产品和品牌，希望与企业进行互动。然而，这些互动通常发生在消费者购买商品之后，导致互动并不及时。这是市场营销所需要的第二个转变。"

"我认为，市场营销所需要的第三个转变是，企业在打造品牌、生产产品甚至规划未来时，要力争让消费者成为合作伙伴，创造新的消费者旅程。"

营销行业必须和消费者在一定程度上达成一致。现在的问题是，营销科技和消费者如何才能和平共处、共同繁荣？

💼 切勿快速耗尽信任

成绩斐然的美国营销大师、作家和知名博主赛斯·戈丁（Seth Godin）写道：

"当今的营销生态系统迫使公司过度借助科学技术进行营销，进而'快速耗尽信任'。"

"这里存在一个恐怖谷，让人感觉不适。当我们知道自己被愚弄，以及有人借助大规模定制式营销去窃取信任的价值时，我们就会有这种感觉。"

"这是一个陷阱，因为一旦开始用科技营销去毁掉信任，你就会欲罢不能，进而用更多不恰当的科技手段去毁掉更多的信任。这如同为了取暖而毁掉壁炉的墙壁一样，荒唐透顶。"

"不要花时间和金钱去做这种事情，不要去摧毁你所拥有的最有价值的东西——信任。"

人与人之间的信任弥足珍贵，自动电话软件等科技手段无法将其窃取。

让我感到不安的是，在当今的营销行业，"信任"竟然成了区分点。这难道不令人感到奇怪吗？尤其是在我们知道信任就是品牌的时候！然而，当公司被看不见的科技营销黑洞吞噬的时候，它们心甘情愿放弃信任。

🧰 与客户合作共赢

公司要摆脱上述定势，需要管理层做出艰辛的努力。公司的领导者必须放低姿态，脚踏实地。他们需要明确地告诉消费者，信任将不会被摧毁，信任将成为营销战略的主要着眼点。

有些公司根据消费者的现实状况，对公司文化进行了大刀阔斧的调整，微软就是其中的一个例子。公司文化的调整往往是自上而下的，这一观点得到了微软首席执行官萨提亚·纳德拉的大力倡导。在其精彩的著作《刷新：重新发现商业与未来》（*Hit Refresh：The Quest to Rediscover Microsoft's Soul and Imagine a Better Future for Everyone*）中，纳德拉将其儿童时代在印度接触到的文化和经验教训，与微软大刀阔斧的公司文化变革联系到了一起。这种以人为本的理念覆盖了微软的方方面面，其中包括人事政策和投资决策。

我很荣幸有机会与微软的竞争战略总监阿米特·潘查尔（Amit Panchal）进行交谈。我询问他，在微软从以科技为主导的文化向以人为本的文化进行转变的过程中，这种转变是如何体现在销售和营销战略中的？他对我的疑问作出了回答。

"坦率地讲，在过去，微软的销售人员与客户的关系较为短暂。我们把软件卖给客户，然后几乎都会离开。对我们来讲，我们的目的是销售产品。如果你用我们公司的产品，我们欢迎。如果你不用，我们也并不在意。对于签约客户，合同期即将期满时，我们会联系客户，希望他们续约。"

"但是，我们从来不会向客户询问这样的问题：'您在使用微软公司产品时发现价值了吗？'也不会问我们自己这样的问题：'客户从我们的产品中发现价值了吗？'"

"现在，上述问题已经成为我们工作的核心部分。我们希望和客户建立合作关系，共同发展。如果客户没有充分利用我们的产品，这对双方来讲都是失败的。"

"关键的问题不是'客户会买更多产品吗？'而是'客户如何才能用已经购买的产品创造更大的效益？'我的评估标准是：营销人员与客户的合作是否成功。如果你考虑这类问题，你在营销过程中的态度和行为就会更加地友善和温和。与客户的合作并不是对营销自动化的特别应用，而是营销人员与客户会面并倾听他们的意见。你了解客户的业务吗？客户有什么计划？客户的竞争对手有哪些？哪些竞争对手对客户造成致命威胁？"

"营销的成功绝不能用本公司的经济收益来衡量，而应该用客户的经济收益来衡量。"

◆ 科技简化消费者旅程

我想在潘查尔的观点的基础之上，进一步谈一谈我们应当如何与客户进行合作，以及如何打破对科技的滥用。目前，客户几乎已经不遵从传统的营销漏斗了。他们已经踏上了寻求发现的旅程，这意味着我们需要时刻领先一步，走在他们的前面。

麦肯锡的研究人员首次提出了"科技能够简化消费者旅程"的观点。他们还指出：市场营销的三分之二已经被消费者所驱动的活动控制；对科技的最佳使用不是拦截或打断消费者的决策路径，而是要让他们的决策路径更快、更容易地导向我们的产品。

如果我们能够借助科技使得销售过程透明化、更有人情味，引导消费者信任和依赖我们，我们的市场营销就成功了。最好的"科技营销"应当能够：

- 提高消费者旅程的效率（在线银行业务是其中较好的例子之一）；
- 在消费者旅程中，对消费者体验进行个性化的设计和优化；
- 主动向消费者提供服务（如发送订单状态信息的网站）；
- 预测消费者的需求，并提供相关产品和服务，提高消费者满意度。

科技能够使公司更具人情味吗

毫无疑问，科技能够简化消费者旅程。然而，人工智能等科学技术能够使得我们的公司更加有人情味吗？我们如何才能利用科技去真正建立信任？

要回答这一问题，营销分析咨询公司"信任洞察"（Trust Insights）的联合创始人兼首席执行官克里斯托弗·佩恩（Christopher S. Penn）或许是最佳人选。他可以说是营销行业的尤达（Yoda）[1]，不但精通复杂的科技，而且能用极其简洁明了的语言进行解释。以

---

[1] 尤达（Yoda）是电影《星球大战》（Star Wars）中的重要人物之一，是一个集所有技能于一身的人。——译者注

下他对于新兴科技的优点以及如何利用它们来打造更具人情味的公司作出了解答。

"人工智能在三个方面非常出色：加速、准确性和自动化。对营销机构和营销人员来说，这些正是急需的。对人工智能技术的应用，能够使数据处理变得更快、更好和更清晰；还意味着能够更快地得出结论和理解属性。因此，许多营销过程，包括商业分析、预测分析以及预报，都将变得更加便捷、高效和省时。"

"人工智能还达不到人类智能的高度，甚至还相差很远，但它在统计和概率方面有强大的功能。例如，它可以在看过一张三明治的图片后做出判断，说：'是的，这很可能是一块三明治。'换句话说，人工智能在'是'与'非'的决策方面功能强大。"

"那么，如何通过应用人工智能技术，使得营销变得更加人性化呢？这么说吧，如果你在目前的工作中，几乎把所有的时间都用于把一个电子表格的数据复制和粘贴到其他电子表格上——许多营销和公共关系人员就是这么做的，那么，人工智能技术能够把你从这种重复、枯燥的工作事项中解放出来，让你腾出时间去做具有人情味的事情，包括与潜在客户进行交谈、增加社交活动以及做货真价实的创新性工作。"

"我认为，人情味将重新浮现在我们的工作当中，因为人工智能将帮助我们获得我们此前不曾拥有的洞察力。想一想电话呼叫中心或者客户数据管理系统（CRM）存储了几十年的数据吧。人工智能技术将帮助我们快速掌握数以亿计的对话和互动内容。"

"想一想公司在优评（Yelp）和其他点评网站上得到的为数众多的点评吧。谁会有时间分析本公司的两万条点评以及竞争对手的点评呢？机器学习能够帮助我们做到这一点。"

"许多公司有几十年积累下来的数据，但基本上被束之高阁。借助人工智能技术对这些数据的分析，公司或许就能够真正了解消费者的需要。而在此前，做到这一点几乎是不可能的。坦率地说，这将使公司的营销和业务更加富有人情味。"

"真相就嵌在数据当中。人工智能可以帮助我们对已知的事情进行研究、归类和分析，但人类最擅长的是探索未知的东西，也就是能够真正促进企业发展壮大的洞察力。人与人的交流可以帮助我们发现未知，专题小组、会议、社交聚会等都有助于我们探索和发现未知。人类情感的本质不会改变，而人工智能可以让我们有更多的时间去探索人类情感，并把注意力集中在这一领域。相比而言，在短期内，机器不会具有传递同理心、宣扬伦理道德、断定是非曲直和积累生活经验的能力，不能替代人们去发现公司发展道路上的问题。"

"然而，还存在这种可能性，即人工智能比公司员工更让公司富有人情味。这听起来有点奇怪，但对企业和营销人员来讲，这一点很重要，公司管理层和营销人员要对此引起重视。如果消费者对你的品牌的体验非常糟糕，以至于消费者宁愿与机器人打交道，那么，人工智能就既能帮助公司裁减人员，又能提高公司的品牌形象。即使人工智能机器人的表现比较平庸，也比糟糕的员工要强。这是因为，至少人工智能机器人的表现比较稳定，况且它们的平庸是标准化的！随着时间的推移，我们可以训练人工智能机器人去模仿高标准的人工服务，并且它们不会因为重复性的工作而感到不耐烦或精疲力竭。"

🔊 科技带来平和与利润

我在一次"西南偏南"（South By Southwest，SXSW）年度艺术节①上遇到了美国作家、喜剧演员和评论家巴拉图德·瑟斯顿（Baratunde Turston）。从此以后，他就成了我最喜爱的人之一。他在谷歌上创立了一个开源文件，名为"新技术宣言"。他以一篇博文发起对话，请求人们建言献策，以便在营销科技、数据收集和隐私保护方面采取更多的以人为中心的措施。

瑟斯顿认为，以人为中心的对营销的反抗不可能源于孤军奋战，在这一点上我同意他的观点。只有越来越多的公司在营销科技的实践中，采用开放和诚实的指导原则，才会促进变革。下面介绍五种借助科技建立信任的方法。

1. 在数据收集和使用上保证真正的透明度

"真正的透明度"的意思是，我们能够很容易地知道我们的数据是如何被使用的，就如同我们很容易地就能知道谁给我们发的帖子"点赞"一样。我们应当在不需要阅读冗长的文件的情况下就

---

① 每年在美国得克萨斯州奥斯汀举行的一系列电影、交互式多媒体和音乐的艺术节。——译者注

明白我们所使用的科技产品的具体内容。我们还有权利提前、清楚地知道公司用我们的数据做什么，包括公司是如何利用数据赚钱的——即使是在公司没有直接售卖数据的情况下。

在透明度方面，各个行业都可以从食品行业得到提示。美国联邦政府已经要求食品公司的产品必须带有营养标签。想象一下，政府或许会要求食品公司产品上带有数据使用标签或说明，以便明确告知产品的服务条件，并让客户知晓哪些数据被跟踪。

2. 改变数据默认

当我们购买产品或服务时，我们相信产品或服务提供方不会去掠夺我们的数据，因为我们认为数据太庞大，他们没有时间去查阅所有数据。实际上，由于我们已经默认了数据开放，事实与我们的想象截然不同。

无论数据目前是否有实际用途，大多数科技产品都会尽可能多地收集用户的数据。然而，在大多数情况下，公司并不需要那些数据。然而，如果公司把数据默认从开放转为封闭，将会发生什么呢？如果默认数据提取的状况受到最大程度的限制，又会发生什么呢？这些都是值得大家思考的问题。

3. 尊重我们对自己数据的控制权

瑟斯顿在其宣言中提议，我们应当把数据纳入财产权的范围并加以保护，无论这些数据是我们生产的（如照片或推文），还是源自我们的活动（如我们的采购时间、地点，刷卡历史，以及触屏点击和鼠标点击历史）。

没有我们的数据，很多公司就无法赢利，许多未来科技将成为无米之炊，其中包括支持机器视觉和语音识别的人工智能技术。

正是用户产生的数据为未来的创新和财富打下了基础。如果你明白这个道理，你就会理解，客户已经不再是传统意义上的用户了。公司和用户变成了伙伴关系，共同决定如何使用用户数据。需要强调的是，双方的交换必须两相情愿。

4. 实施新法规

在审视消费者的第一次反抗时我们发现，营销、广告和科技行业无法进行自我调节，因此政府不得不介入，进而终结谎言。事实上，为了保护消费者，政府将不得不再次介入，规范科技行业的行为。

5. 全面建立信任

科技营销的最根本问题在于，我们为了短期利益而抛弃信任。因此，我们的所作所为只是权宜之计。营销机构和营销人员必须勇敢地站出来，成为消费者的保护者，而不是谎言的始作俑者。

英国数字银行原子银行（Atom Bank）的首席营销官丽萨·伍德（Lisa Wood）坚决支持上述观点。她认为："我们的目标是为客户做最好的事情，我们发展的出发点和着眼点是客户。信任已经完全内嵌于我们公司的营销战略和文化。因此，透明度是我们的设计标准之一，也是在提出价值主张时，要求我们自己必须为之负责的内容之一。"

如果一个品牌在透明度方面做得很好，那么在经历糟糕的消费者体验时或在公司出现危机后，90%的消费者仍然倾向于给这个品牌第二次机会，事情就是这么简单。在如何使用科技以及消费者数据方面持有诚实的态度，有助于帮助消费者建立对公司的信任。

🔊 你想加入我们吗

我猜想，有些读者读到这里或许会说："是的！是到了有人提倡这种做法的时候了！"同时，我也预料到，还有一些读者会这样说："不过，没有糟糕的科技，只有糟糕的营销机构和营销人员。"

上述说法并非绝对正确。营销机构和营销人员以及科技的应用是一个整体系统。营销机构和营销人员可以用科技来界定，反之亦然，它们是一种共生关系。

那么，我们怎样才能控制科技，使之服务于永恒的人类需求呢？这个问题非常复杂。

我们不会放慢全面应用人工智能技术的脚步，但短期内也无法消除懒惰的营销方法以及寻找营销快捷键的幻想。

上述问题的答案不在数据库。

当然也不在弹窗广告。

然而，上述问题的答案或许就隐藏在一个简单问题的答案之中，这个问题就是：我们的消费者喜欢什么？

答案似乎已经很明确了。现在，借助科技的力量，去做消费者喜欢的事情吧！

第三部分
以人为本，让营销更进一步

第八章
如何进行以人为本的营销

到目前为止，我们已经深入探讨了永恒的人类需求以及它们与企业成功之间的关系。下面，我将把其中的一些经验之谈以指南的形式总结出来，以帮助大家更有效地进行以人为本的营销活动。

进行以人为本的营销指南

（1）不要再做令消费者憎恨的事情。要与消费者进行交流，了解消费者喜爱什么并采取行动（这是最低要求）。

（2）科技的应用对消费者来说应当是隐形的，还要确保应用科技的目的只是为了使公司更富有同情心、乐于倾听、具有吸引力和更加实用。

（3）公司无法"拥有"消费者、消费者旅程或销售漏斗。公司需要找到市场空间，并帮助人们找到归属感。

（4）永远不要拦截或打断消费者。要尽力赢得他们的主动邀请。

（5）营销要具有相关性、一致性并更胜一筹。要确保把信任贯穿于所做的每一件事情当中。

（6）要成为公司忠实粉丝的粉丝，并使他们成为公司故事中的英雄。

（7）要在诚实方面做出坚持不懈的努力，打消公众对公司固

　　有的不信任感。

（8）不要仅仅身处消费者社群，而要成为其中的一员。

（9）市场营销从来不是要解决公司的"为什么"的问题，而

　　是要解决消费者的"为什么"的问题。

（10）用人性营销留住商机。

第九章
消费者亦是营销人员

如果你以做广告的方式与人交谈，他们会朝你脸上施以重拳。

——休·麦克劳德（Hugh MacLeod）

美国作家、漫画家

最近，我在希腊的基克拉泽斯群岛度过了一个令人愉悦的假期。那里是人类文明的发祥地之一，风景秀丽，景色宜人。

这次旅行给了我一个营销方面的启发。

基克拉泽斯群岛共有约220个岛屿，都是因几百万年前的火山活动形成的。这些岛屿的风景、植被种类和气候都非常相似。此外，它们之间的距离很近，你可以清楚地看到临近的岛屿。

然而，这些岛屿又非常不同，各具特色！多年来，每个小岛都逐渐形成了各自的微观文化，有不同的食品、艺术、历史、风俗和故事。这些差异是当地居民自豪感的来源。无论走到哪里，你都会发现，这里的人都相互认识，他们招手、聊天，开怀大笑。谁能料到，在这里，一个游客能到访20个居住人口相对较多的小岛，却发现了20种迷人的微观文化。

仔细品味一下，这些小岛不正是对现代营销世界的隐喻吗？我们可以把消费者社群看作"小岛",把消费者看作"岛民"。

🔊 "消费者小岛"

科技已经给我们的消费者提供了足够的便利,让他们自己组成"消费者小岛"(未来学家费斯·波普康将其称为"形成微部落")。这些"消费者小岛"是消费者相互尊重和对话的地方,同时也是由朋友、家人和值得信赖的专家组成的社群,甚至一些有影响力的人也是这些社群的一部分。

正如在基克拉泽斯群岛一样,在这些"消费者小岛"上,信息传播的速度很快,岛上的居民,也就是那些消费者,有相似的经历,牢固、相互信任的纽带,以及对陌生人的警觉。为了获得更多的乐趣,这些消费者还会到附近的"消费者小岛"上游玩,探访其他由有着共同兴趣的人们组成的群体。

显而易见,企业一定特别希望受到邀请,去访问这些"消费者小岛"。企业相信,只要"岛民"给予企业到访的机会,这些"岛民"就会购买企业的产品。

在"消费者小岛"形成之前,企业通过大规模营销,包括寄送实体邮件、群发电子邮件和无休止的广告,也许就可以达到目的。

然而,目前的情况是,"消费者小岛"已经形成,消费者取得了控制权,他们有权决定谁能进入他们的"小岛"。因而,老一套的营销方法已经无法奏效。道理很简单,有谁愿意再次忍受那种侵入式的营销呢？

事实上，这些"岛民"智慧超群，他们甚至已经发明了有效的技术，用以屏蔽那些不请自来的广告。虽然仍然会有部分广告渗透进来，但为了过上不受营销人员打扰的平静生活，这些"岛民"找到应对方法也只是时间问题。因此，这些"岛民"越来越能够保护自己，变得越来越难触及。

在这种情况下，企业有什么应对之策呢？有些企业仍旧抱残守缺，不知变通，继续使用陈旧的广告策略。这些企业或许会采用熟悉而简单的老办法，租一架飞机，拖着广告条幅飞越那些"岛屿"，并希望有人抬头看一下广告。然而，"岛民"们都很繁忙，要做的有趣的事情也很多，他们根本无暇顾及天空中那些不请自来的广告条幅。

📋 询问"岛民"

如果我们询问这些"岛民"，企业怎么做才能得到"消费者小岛"的邀请，我们会得到怎样的回答呢？我认为，他们或许会给出下面的答案。

- 成为我们的朋友。融入我们，找到归属感。做有益的事情。
- 尊重我们的时间、自由和隐私。
- 和我们在一起，保证我们需要你们的时候你们就在身边。
- 向我们证明，你们和我们有共同的价值观，即使这样做会使你们在其他"岛屿"不受欢迎。如果你们希望我们保持忠诚，你们也要对我们忠诚。

- 创造有趣的体验。我们的"岛屿"可视范围有限，请向我们展示我们看不到的生活。

- 请不要总是说你们很了不起，以及你们属于这里。眼见为实，请现在就在我们的"岛屿"上展示给我们看，只有这样才能使我们信服。

- 请不要打扰我们或不请自来，这种举动很粗鲁。

这些视角都很理性和实际，不是吗？它们实际上是提出了更加以人为本的营销战略，这种营销战略愈发强调要与永恒的人类价值和需求保持一致。

让我们看一下这样一个既有魔力又令人感到光荣的现实吧：如果你能被邀请登上"小岛"，你就不再需要"营销"！是的。"岛民"或许比较谨慎，甚至自私。但是一旦信任你、喜欢你，他们就会很慷慨大方。他们会告知家人和朋友，你很"酷"，能给他们提供很多帮助。他们会陪你在"小岛"上闲逛，这样的话，实际上你就成了他们日常活动的一部分。这些"岛民"会和你团结在一起，即使你受到了竞争者的攻击，他们也会奋力保护你。

在这个新的、由消费者掌控的世界里，我们已经无法控制任何销售漏斗或消费者旅程。我们能够希望得到的最佳结果是，让我们加入正在进行的对话，期待自己被邀请登上"小岛"。

🔊 "小岛"战术

我在本书中已经阐述了一些高层次的观点。现在，让我们了解一些具体的战术，以便帮助你和"数字岛民"建立联结，并对由消费者控制的那三分之二的营销市场产生影响。

本章的目的不是提供综合的入门指南。关于入门指南，我可以再写五本书，并且网上已经有大量的资料可供参考。在这里，我将提供15条以人为本的营销战术。我相信，这些战术应该能够让"岛民"感到满意。

1. 提升消费者体验

有一项对首席执行官的调查表明，首席执行官认为，他们的首要任务是提升消费者体验。这是有充分理由的，提升消费者体验能够带来良性循环：消费者喜欢某个公司的产品、服务和行为，进而进行宣传，而这种宣传会吸引那些"货比三家"的消费者，使他们考虑购买这家公司的产品和服务。

提升消费者体验的主要战略，是在消费者体验和触点中间建立情感联结。下面让我们了解一下总部位于瑞典的全球流媒体音乐服务平台声田（Spotify）的做法，看看这家公司是如何提升消费者体验的。

和许多其他软件即服务公司类似，声田公司提供其产品的"免费增值"版本，每30分钟播放一次广告。这样做的目的是吸引用户免费享受服务，然后用音质更好、特色更多的免广告版将部分客户最终转化为付费客户。

下面，让我们比较声田和另外两家流行的"免费增值"软件公司多宝箱（Dropbox）和印象笔记（Evernote）的转化率：

声田公司：27%；

多宝箱公司：4%；

印象笔记公司：4%。

在这样的业务中，1%的转化率就已经难能可贵了，27%简直不可思议。声田公司取得这么高的转化率，说明该公司做对了许多事情。然而，需要强调的是，该公司最有效的诀窍之一，是知道如何帮助用户与他们个性化的节目编排建立情感联结。

借助机器学习，声田能够预测用户想听什么音乐以及什么时候听。令人惊奇的是，它还能推测出用户希望听哪一首新曲，甚至还能猜测并播放用户小时候喜欢听的曲子。

人们之所以听音乐，主要原因是希望强化某种情绪。声田公司为用户提供了主题高度集中的播放列表，用音乐记录用户的生活。当我在写这本书的时候，声田公司给我推荐了名为"刻苦学习"的播放列表，非常符合我的需求。声田公司做得对极了！

以上例子说明，巧妙地借助科技与用户建立情感联结，进而打造持久的产品，十分重要。在这方面，声田给我们做出了榜样。

美国丹佛国际机场是另外一个通过提升消费者体验建立情感联

结的例子。这座大型机场于1995年开始运营后，美国公众曾普遍认为它是美国最糟糕的机场之一：远离市区，价格高昂，行李输送系统很神秘（这是客气的说法）。

七年前，该机场管理层决心做出转变，工作重心从注重航空公司调整到提升乘客体验。该机场投资几百万美元升级无线网络系统，在座椅上增加了一万个充电口，邀请商店和饭店入驻，设立母婴室，提升安检速度等。此外，还建设了一座广场。冬季，广场上有免费滑冰场。夏季，滑冰场则变身为免费的18洞小型高尔夫球场。（消费者可以免费使用滑冰鞋和球杆。）

机场首席执行官费里·戴（Kim Day）表示："心情愉悦的乘客愿意多花钱。每名乘客在机场的平均花费从2013年的10.82美元上升至2017年的12.37美元。机场营收增加后，降低了对航空公司的收费，进而吸引了更多的航空公司开通飞往丹佛的航线。"

这些措施使得丹佛国际机场的消费者满意度极大提高。2018年，丹佛国际机场被《华尔街日报》评为美国最佳机场之一。

服务是消费者体验的另一个关键的方面。糟糕的服务无疑对品牌忠诚度具有负面影响：有研究表明，75%的消费者表示，糟糕的服务体验很可能迫使他们放弃对原品牌的忠诚。研究还表明，许多因素导致消费者不再考虑购买某个品牌的产品，服务体验不佳是最主要的因素之一。

品牌还必须向消费者提供快捷和顺畅的消费体验。口碑推荐通常发生在销售过程中或销售后不久的时间段内。那么，公司如何才能将消费者体验转变成消费者主动宣传公司产品的机会呢？

2. 释放用户生成的内容

下面，我要介绍一个重要的观点：释放用户生成内容（UGC）。

用户生成内容，指的是消费者诚心诚意地赞扬公司产品的内容，包括照片墙图片，博客文章和脸书直播，它们都是对产品的真实推荐。美国《广告周刊》（*AdWeek*）对这种由消费者生成的内容大加赞赏，认为其力量强大，并称之为"社交媒体对营销行业最重大的贡献"。

- 包含用户生成内容的社会宣传活动能够将消费者参与度提升50%；

- 以用户生成内容为特色的广告，点击率提升5倍；

- 在接受调查的人们当中，90%认为用户生成内容对他们的网上购物有影响，比例高于搜索引擎、电子邮件营销、广告以及公司社交媒体宣传。

由于用户生成内容效果良好，因此很自然地受到了科技营销公司的关注，进而产生了许多平台，帮助客户发现、展示甚至制作这些内容。因此，任何一家公司都可以在这方面做出努力。然而，为了取得较好的效果，公司应当注意以下要点。

（1）消费者的快乐程度在购买产品的时候达到顶点。因此，公司需要抓住这个时间点，充分利用消费者的情绪，鼓励他们在购买商品时在社交媒体上发帖。

（2）根据美国电子商务公司网域策略（Netsphere Strategies）的调查，63%的美国消费者和66%的英国消费者表示，与品牌或零售商提供的图片相比，他们更相信由消费者自己生成的图片。公司的最简单战略之一，就是鼓励消费者在快乐程度层次高的时候（也就是收到产品后不久）发布社交媒体图片。

（3）为消费者找到与品牌互动的理由。我经常鼓励我的客户创造并 分享"照片墙时刻"，快速、美妙和有趣地在消费者的环境中展示产品。新泽西州矫形牙医塔拉·高斯托维奇（Tara Gostovich）的做法别具一格。每当孩子取下牙套后，她都为他们铺设红地毯。她赠送给孩子们皇冠、冠状头饰、气球、酷酷的太阳镜和其他礼物，然后拍照并把图片发给孩子们的父母。你知道，如果你摆放吸引人的东西（如甜甜圈、玩偶等），可能会吸引其他人站在前面拍照，并与朋友们分享。因此，高斯托维奇用这种方法进行宣传，取得了很好的效果。

（4）营销专家杰伊·贝尔（Jay Baer）和丹尼尔·雷明（Daniel Lemin）共同撰写了畅销书《引爆口碑：话题助销指南》（*Talk Triggers: The Complete Guide To Creating Customers with Word-of-Mouth*）。书中介绍了许多合乎逻辑、简单实用的触发话题的战略。这些战略强调如何优化同理心、实用性、热情、及时性和态度，进而创造更多的谈话和分享机会。例如，话题的"触发器"可以是希尔顿逸林酒店（DoubleTree by Hilton）供应的热乎乎的饼干，或者是网络会议服务平台在等待参会者进入会议室时播放的，令人吐槽的音乐。

鼓励用户生成内容的最佳方法是积极与消费者互动，以便制造值得消费者发布内容的机会。例如，莎拉·努内斯（Sarah Nunes）是在线印刷服务商Vistaprint的品牌传播总监，她和团队成员花了六个月的时间乘坐定制的休闲汽车到世界各地旅行，目的是与用户见面，并创造机会让用户生成能够宣传公司产品的内容。

莎拉表示："用户做出来的有关我们公司产品的图片非常了不起，我们特别喜欢，并尽可能把图片放在公司社交媒体和网站上进行分享。这样做的好处是，我们既可以对用户选择我们公司的产品表示感谢，也能够通过我们的渠道宣传用户的产品。当其他用户看到后，他们就有动力去生成更多的内容，进而扩大了我们公司的营销范围和力度。"

3. 发挥口碑营销的威力

口碑营销是最古老的营销手段之一，即使在当前，这种方法的效率仍然可能名列第一。在当今世界，大多数人低头对着电子产品屏幕，人际沟通大幅减少。在这种情况下，亲朋好友的产品推荐就自然而然地具有足够的分量。

数据表明，每天平均下来，我们有30%的时间在进行对话，而在15%的对话中我们会提及品牌和产品。我们不能对这些数据视而不见。现在的问题是，我们怎么才能把自己的故事融入那些对话当中呢？

尽管口碑营销效果非凡，但这种营销手段尚未得到充分利用，原因是使用该手段时我们需要具有极大的耐心、付出极大的努力。你无法将它自动化，无法把算法套用在它上面，更不能速战速决。你不得不登上消费者"小岛"，与消费者展开对话。

社交媒体和口碑营销研究机构"互动试验室"（Engagement Labs）首席执行官埃德·凯勒（Ed Keller）及其团队，对口碑营销的理论和实践进行了开拓性研究。他们的研究表明，约10%的人是"超级分享者"，他们特别善于分享生活中的新发现。如果你能把新奇、相关的事情推荐给他们，剩下的工作就可以交给他们去做，他们一定能够让你的故事传遍四方。

下面是口碑营销的三条战略：

（1）通过洞察和研究，创建关于你所在的公司或其产品的故事。故事必须真实、有趣、相关、可重复；

（2）将故事与理想的重点人群连接起来，鼓励人们一旦有机会就去恰当地分享那些故事；

（3）通过有创意性的消费者激发活动或其他形式，提升自己在面对面的环境中持续、有效地分享故事的能力，并训练其他人也这么做。

在这个虚假消息满天飞、有害社交媒体流大行其道的时代，口碑营销这一古老的技巧重获新生。凯勒及其团队的研究表明，美国消费者购买量的19%是由口碑推荐引起的，线上和线下都如此。

我在前几章介绍的案例研究中提到的公司，包括"房间与木板"、露露乐蒙和"雪人"，其营销几乎全部依靠口碑，而不是依靠传统广告、其他营销手段或者公关手段。

艾丽莎·弗洛伊德（Aliza Freud）曾在美国运通公司（American Express）担任全球营销和品牌管理副总裁，目前是市场调查公司SheSpeaks的首席执行官。她现在完全依靠口碑营销去传播公司的研究成果以及客户的信息。她指出：

"对于你希望能够影响的人群而言，他们信任由消费者呈现的真实感受与体验，并愿意倾听消费者发出的声音。为了让消费者讲述的故事能够为公司带来利益，你必须允许消费者拥有灵活性、创意和控制权。作为营销人员，我们经常过于关注我们产品的特点。然而，我们应当意识到，最重要的是，消费者只关心在使他们的生活更加美好、轻松、有趣和精彩方面，我们的产品能扮演什么角色。如果消费者能够说出我们的产品给他们的生活带来了哪些真正的益处，我们就拥有了了不起的（营销）故事。"

美国互联网美妆品牌华彩公司（Glossier）创始人兼首席执行官艾米丽·韦斯（Emily Weiss）（第十章将有更详细的介绍）就是完

全凭借口碑营销，把她的时尚博客打造成了一个面向千禧一代的美妆帝国。

艾米丽把其公司的爆炸性增长和巨大的文化影响力归功于超级活跃的粉丝群。公司每发布一款产品、上传一张照片墙图片、接受访谈或发出活动邀请，粉丝们都会热烈响应。这些粉丝把品牌信息通过社交媒体传递给她们的网友和现实生活中的亲朋好友。根据艾米丽的测算，华彩公司90%的收益来自粉丝。

华彩公司的化妆品绝对不是简单的产品，而是"内容"。艾米丽把每一款新产品都视为开启消费者之间对话的良机。

在产品和活动中注入"可谈论的话题"，也被称为创造"社会客体"，即把人们连接在一起的事情或事物。这些事情或事物让人们有共同的目的，或者仅仅提供可以谈论的话题。"社会客体"一般由最忠实的粉丝进行传播，因而能影响更大的群体。

休·麦克劳德（Hugh Macleod）是企业文化塑造创意平台公司Gapingvoid的首席执行官。他表示：

我们都很自然地对自己以外的东西充满热情。对我而言，我感兴趣的是营销和漫画。对其他人而言，或许是手机、苏格兰威士忌、苹果电脑、美国纳斯卡赛车（NASCAR）或者美国职业棒球队波士顿红袜队（Boston Red Sox）。这些都是某一社会群体的"社会客体"，而同一个社会群体的成员对相同的"社会客体"抱有极大的热情。无论你身处哪一个行业，总有人对你们的产品非常感兴趣。他们正在把你们公司的产品或你们的竞争对手的产品当成"社会客体"。如果你不知道这些人是如何通过你们的产品进行社交活动的,那么实际上你就不会有真正的营销计划。真糟糕,你很可能没有行得通的商业计划。

这本书的主题之一是,营销机构和营销人员应当关闭数字化商业智能仪表盘,而要走出去与消费者交谈。知道消费者如何分析你的故事,有助于你制定口碑营销战略。

4. 巧用同伴观察的效用

英国克兰菲尔德大学管理学院的研究人员发现,消费者普遍的做法之一是通过观察朋友们购买什么,来做出自己的购买决定,以及形成对一个品牌的看法。因此,观察朋友们的购物行为对消费者的心理影响,并不弱于口碑营销。

上述研究结果非常有道理。在我们的一生中,我们需要做太多的决定。因此,效仿朋友们的购物选择是明智的决定,因为这样做出错的概率较小,还能节省时间和精力。

关于如何更好地利用同伴观察来进行营销,克兰菲尔德大学管理学院的研究人员给出了下面几条建议。

● 别具一格的产品设计:独特的产品设计有利于消费者对品牌进行识别。例如:苹果公司标志性的白色耳塞就很有特色,甚至在我们看不到它们的时候,我们也知道这是苹果公司的产品。健力士啤酒（Guinness Beer）的啤酒杯，设计同样别具一格。即使在昏暗的酒吧，你也很确定服务员给你的是一杯健力士啤酒！

●优待团体客户：给予团体客户折扣或优惠价，不但能够赢得回头客，还能够强化这样的观点，即购买决定得到了朋友们的认可。

●把不易察觉的消费者行为展示给其同伴：在网站上显示点击数量和购买数量，有助于提高销量和价格。如果能够显示不同团体的消费行为，效果将会更好。

●在发布产品时强化同伴观察：和记黄埔（Hutchison）在新加坡发布与社交网络深度整合的INQ手机时，聘用青年人在拥挤的交通中转站对新发布的、色彩亮丽的手机进行宣传。这背后的逻辑是，如果消费者认同某个群体，他们就会认同这款手机。

5. 借力巅峰瞬间

刺激售后宣传的最佳方法之一，是在消费者旅程中创造消费者乐意分享的瞬间。在《瞬间的力量》（*The Power of Moments*）这本书中，作者奇普·希思（Chip Heath）和丹·希思（Dan Heath）兄弟认为，如果你能在消费者的购物体验中给他们创造难忘的、值得分享的巅峰时刻，他们很乐意原谅你在销售和服务过程中犯下的错误。

位于洛杉矶的魔术城堡酒店（Magic Castle Hotel）就是一个很好的例证。根据全球领先的旅游网站猫途鹰（TripAdvisor）的评比结果，这家酒店荣登洛杉矶最佳酒店榜单，排名甚至在知名的贝尔艾尔酒店（Hotel Bel-Air）之前。在3000多条消费者对魔术城堡酒店的评价当中，94%对该酒店的评级为"优秀"或"良好"。

然而，魔术城堡酒店的排名让人感到迷惑不解。如果你上网浏览这家酒店的图片，恐怕你永远不会认为"这是洛杉矶最佳酒店之一"。这家酒店泳池小，房间过时陈旧，家具稀疏零落，大多数墙面光秃单调。事实上，甚至"酒店"这个词在这里也似乎有点勉强，因为这家酒店由一座20世纪50年代的两层公寓改造而成，并且外墙为黄色，看起来像个普通的快捷酒店。它怎么会荣登洛杉矶最佳酒店榜单呢？

让我们先从魔术城堡酒店的服务开始说起吧。客人一拿起泳池边的樱桃红色的电话，就会有人在电话那一端说："您好，'冰糕热线'！"客人告诉对方自己需要什么，几分钟后，就有戴着白手套的工作人员用银色托盘给你送来樱桃、橘子和葡萄味的冰糕。全部免费！

这家酒店还有独特的小吃菜单，供应雀巢巧克力和奇多零食（Cheetos）等多种好吃的食品，依然全部免费。此外，还有棋类游戏等供客人免费使用。这家酒店还邀请魔术师在早餐时间表演魔术，每周三次。差点忘了，酒店工作人员还免费给客人洗衣服，而且没有数量限制。

魔术城堡酒店的理念是，让客人感到高兴并不意味着在每个细节上都尽善尽美。如果酒店能为客人创造一些神奇的巅峰瞬间，客人会原谅酒店的不足，包括泳池较小和装修落伍。

请思考一下，如果我们有意识地为消费者创造巅峰瞬间，鼓励他们进行正面评价和启动消费者对话，将会发生什么？

创造巅峰瞬间有下列三种途径，你可以尝试一下。

●提高感官刺激：凡是外观、味道、声音和触觉好的东西，通常都是好东西，更能吸引人。

●加大"风险成本"：增加具有"积极压力"的内容，包括比赛、游戏、表演等。有意识地增加"风险成本"。当事情有确定性时，我们感到最舒适。然而，当事情不确定时，我们感到最有活力。

●打破预期，制造惊喜：如同魔术城堡酒店的冰糕供应单一样，努力打破消费者的常规预期。

消费者是否愿意拿出相机拍照，是判断你是否创造了巅峰瞬间的一个简单标准。消费者愿意拍照，说明他们发现的事情令人耳目一新，值得记录下来。这个时刻就是巅峰瞬间，能够创造对话机会。

希思兄弟发现，巅峰瞬间如果发生在与消费者互动期间或发生在互动的最后一刻，将具有特别的意义。他们曾在一个迪士尼主题公园进行调查，请游客对每个小时的满意度打分，最低分为1分，最高分为10分。调查显示，游客的打分与他们经历了什么密切相关。例如，第一个小时，由于刚刚购买了昂贵的门票，某游客打分为2分。第二个小时，由于为某个游玩项目排了很长时间的队，其打分为3分。第三个小时，因为其孩子见到了米老鼠，非常兴奋，该游客打分为10分。等等。通常，闭园前的最后一个小时是烟花表演的时间，游客一般都会打9分或10分。

如果把每个小时的分数进行平均，平均分大部分为6分。然而，如果让游客对一天的游玩体验打一个整体分数，平均分高达9分，因为游客倾向于记住最高兴的时刻和最后时刻，而忘记那些令人失望的时刻和经历。

这是一个很有启发的观察和总结，有助于你和消费者建立情感联结。请询问自己这样的问题：在你的公司，谁负责创造巅峰瞬间？或者问自己一个更好的问题：如果你解释不清一只橘子味冰糕的投资回报率，哪些人会否定你的主意？

6. 强化心理认同感

对商品的心理认同感是一个容易理解的概念，它能解释被我称为匠心营销的营销方法所带来的吸引力，即消费者非常在意某种产品，以至于该产品成为他们身份的一种延伸。

在强化对产品的心理认同感方面，与我合作的一家科技公司独树一帜。对于其优质客户，这家公司给他们提供提前了解新产品的特点和设计的机会，并让客户参与新产品的创造。这样的话，当最终产品投放市场后，客户就会主动进行大力宣传，因为他们对自己能够参与产品的创造感到自豪。

纽约理工大学（New York Institute of Technology）市场营销助理教授科琳·P.柯克（Colleen P. Kirk）参与的一项研究表明，当消费者从心理上关心某些产品时，他们倾向于买得多、花费得多，以及更乐意去推荐这些产品。

为了强化消费者的心理认同感，公司应当至少采取下列措施中的一条。

● 允许消费者参与产品的设计和制造，加强营销控制：例如，T恤品牌"无线"（Threadless）邀请消费者提交设计，投票选出最佳款式，然后再进行生产和销售。

● 让产品变得个性化，鼓励消费者"自我投资"：研究表明，当消费者能够将产品个性化时，他们就会买得更多，也更愿意向朋友推荐。例如，可口可乐公司曾邀请消费者提出个性化要求，在饮料罐上印制消费者的名字。采取这种措施后，公司销量在短短12周内增长近3%。

● 向消费者提供产品的"小秘密"，让消费者有自己是"内部人士"的感觉：当消费者相信自己知晓某个产品或品牌的每一个小秘密的时候，他们就会和这个产品或品牌建立独特的关系。想象一下，你的朋友抢在同伴之前了解并发现了某个产品，他会有多么兴奋。

请思考一下，你所在的公司应该采取什么样的行动，才能让消费者成为公司的核心成员，进而建立并强化心理认同感？

7. 激活体验式营销

体验式营销，是指通过有趣、互动和互惠的品牌宣传活动，把消费者沉浸在品牌故事当中。

我每年都要参加在得克萨斯州奥斯汀举行的西南偏南艺术节（SXSW）。它吸引了全球诸多有前瞻性眼光的营销人员，因而从某种意义上讲，它也是体验式营销的艺术节。知名品牌占据奥斯汀的公园、饭店和街角，举行令人兴奋和难忘的品牌宣传活动，激发消费者和品牌的互动。你可以体验奔驰概念车的虚拟现实试驾，感知外星人公司（戴尔公司旗下高端游戏机生产商）最新的游戏技术，或者与某个电影大片的主演和导演谈论创作过程。

我最喜爱的活动是HBO对其科幻剧《西部世界》（*West World*）的宣传活动。通过与美国广告代理商巨勺公司（Giant Spoon）的合作，HBO在奥斯汀郊外的荒野上建造了一个模拟剧中场景的主题公园。

我有幸参观了这个主题公园。游客们先在奥斯汀的一个沙龙集合，沙龙内部摆放着剧中的标志性道具。然后，大巴车把游客带到目的地。在那里，主题公园的工作人员与游客们进行各种形式的互动。

主题公园中的建筑物、角色和服装的细节都非常讲究，达到了难以置信的地步，还原了剧中的场景。除此之外，每个游客的故事线都不相同。也许有一封信在邮局等着你，看完信之后你将踏上穿越之旅；或许你发现了一个暗门，知道了许多机器人的秘密；也有可能演员们正在街头打斗，而你莫名其妙地被困在中间，在混乱中你被警长追捕。此外，HBO给游客准备了很多食物和饮料，给体验活动增添了乐趣。

这个活动非常具有吸引力，几乎所有的游客都用摄像机或照相机进行拍摄，记录难忘的时刻，然后使用特殊的话题标签在社交媒体上分享自己的经历。我游玩了两个小时，照相，拍视频，还采访了一些演员。你可能会问：体验式营销有效果吗？这么说吧，我已经把这一设计归纳到我的书中了，不是吗？

广告代理商巨勺公司联合创始人特雷弗·格思里（Trevor Guthrie）对我表示，HBO的目标是创造了不起的体验，在西南偏南艺术节上独树一帜，以赢得关注。从新闻媒体的广泛报道以及人们的热烈讨论来看，HBO确实大功告成。

然而，并不是每一场营销宣传活动都必须这么大张旗鼓。在同一场西南偏南艺术节上，戴尔公司赞助了一场关于机器人的讨论会，并邀请美国著名作家兼传记作家沃尔特·艾萨克森（Walter Isaacson）担任主持人。凯斯基金会（Case Foundation）举行了虚拟现实展示会，展示他们的慈善项目。巴西政府则举办了具有巴西特色的音乐和美食派对，气氛非常热烈，使人萌生去巴西旅游的想法。

怎么样才能推出良好的品牌体验呢？答案是，这里需要三个基本要素，缺一不可，没有捷径。我简单介绍一下这三个要素。

（1）将品牌体验个性化到极致，使消费者感到愉悦。品牌体验必须具有相关性，但只有了解消费者的内在需求时，你营造的品牌体验才具有这种相关性。

（2）品牌体验活动要脚踏实地，不能脱离现实，避免导致消费者不明白公司的价值主张。要把趣味性与品牌承诺相结合。

（3）创造互惠的品牌体验（通常通过建立情感联结进行加强）。实际上，赠送活动，包括用联系方式换取T恤衫或者通过转盘游戏发放赠品，并不能建立忠诚度和相关性，也不能提升公司与消费者之间关系的价值。这些做法实际上是交易，而不是体验。如果你这样做，你只能吸引想要免费T恤衫的人，但无法吸引希望建立品牌关系的人。

在这个消费者已经成为营销人员的世界，创造有趣和有意义的体验，刺激消费者对品牌进行宣传，对几乎任何一个行业来说都是永恒的战略。

8. 正确对待社交媒体评价

在过去，由于消费者无法验证品牌宣传的真伪，不得不相信品牌的宣传，进而被品牌控制。互联网的出现永远改变了这种状况，任何产品的评价、排名和评论都一目了然，在世界的几乎每个角落都可以看到。因此，名不副实的公司遭遇挑战，没有社会责任感和不道德的公司会面临大众的满腔怒火。

其实，购买商品或服务是一件压力较大的事情。这背后的原因是，在当今时代，很多信息都可以用手中的电子设备收集到，如果购买决定不够完美，我们就会有遗憾。因此，在购买前获得认可和验证，会让消费者感到更加安全。同时，得益于社交媒体的评价功能，消费者做出正确的购买决定常常不费吹灰之力。

然而，许多公司忽视了消费者评价的一种形式，那就是消费体验视频，而这种视频正在成为日益流行的趋势。

尽管这种由消费者自制的、"买前试用"视频被许多公司忽略，但它们或许比优评和猫途鹰等知名点评网站上面的星星数量更加重要。

谷歌公司广告和洞察力研究部总监萨拉·克莱因伯格（Sara Kleinberg）曾举过这样的例子：

度假前，人们希望得到关于度假酒店真实的信息，包括其他家庭对酒店房间的感受、便利设施状况以及当地景点的特色，甚至包括孩子们是否玩得开心。幸运的是，现在有许多人上传视频，告知其他人自己去过的酒店、地点以及做过的事情。

目前的消费者都非常迷信调查研究，大量的事先研究使他们在做决定的时候感到更加坦然和安全。

如果人们在视频中看到其他家庭的孩子在游泳池玩得很开心，他们就会觉得这很真实。普通人上传的视频，可以让其他人感受到真实情景。因此，人们更愿意相信这些视频，而不是公司发布的、经过修饰的图片或其他营销材料。数据显示，人们在油管上观看那些分享消费体验的视频的时间增加了六倍。这表明，借鉴其他人的消费经历已经成为消费决策过程的重要部分。

对许多产品类别而言，用户生成的视频是带来（优质）评价和实现最终销售的源泉，其推广的产品主要包括以下几类：

● 汽车：消费者喜欢拍摄购车首日的视频。事实上，拍摄买车后第一次"兜风"的视频，分享对座椅、音响和油耗的感悟，已经成为一种风尚。

●化妆品："第一印象"视频非常流行，大家愿意分享第一次使用某种化妆品的经历。

●食品：关于食品消费的视频能够让人们目睹健身达人吃什么样的食品，以及素食主义者在饭店的点餐过程。

然而，虽然邀请消费者对产品或服务进行评价并无不妥，但决不要请求他们给予好评，只需要让他们分享消费经验即可。永远不要为了换取好评而打折或给予奖励，这样做违反了几乎所有点评网站的规则。此外，如果点评网站上的一个页面上全部都是5星评价，也没有人会相信。

事实上，有一些负面评价反而能够增加真实性。调查显示，浏览优评网站的消费者，平均要看8~12个评价才会决定是否选择某家公司。通常，人们希望对消费者满意度有了整体了解之后再做决定。因此，只要正面评价不低于85%，就不必对负面评价太在意。

9. 赋能影响者营销

2012年，本人出版了《影响力回报》（*Return On Influence*）一书。这本书是我关于影响者营销的第一本书。我在书中预测，影响者营销将在两年内成为市场营销的一个主渠道。事实证明，我的预测是准确的（至少我是这样告诉我母亲的）。

这种营销手段背后的逻辑是，有些人经过长期努力，拥有了数量庞大的忠实粉丝群体，而品牌可以借助有影响力的人物赢得消费者的信任。值得信赖的名人、业界的意见领袖、甚至受欢迎的朋友发帖谈论某个品牌，都能够迅速增加该品牌的知名度，促进销售。当前，影响者营销已经成为营销领域最热门和最有争议的话题。

我的书出版后，网络上对"影响者营销"的搜索量增长了320倍，讨论这一题目的文章高达4700万篇。如果你想在这方面学习更多的知识，你可以找到非常丰富的资源并获得指导。因此，我没有必要再去谈论你在博客或其他地方很容易就能找到的内容。但是，我还是希望在此明确一些概念，以便澄清一些误解。

🔊 哪些人是影响者

我认为，社交媒体影响者是指任何发布内容并且其内容被他人分享的人。这些人的观点能够对他们的受众和其他人产生影响。在当前这个"信任危机"时代，人们更愿意从有影响力的人那里获得真实的推荐。一个人向对他抱有信心、具有相关性的受众发布内容的能力越强，他对品牌的价值也就越高。

当我提及影响者时，你或许会想到在油管上售卖滑板的名人，在大会上发言的知名博主，或者推荐香水和化妆品的金・卡戴珊[①]（Kim Kardashian）。然而，我们或许对影响者的分类还不太清楚。其实，在当今世界共有五大类影响者，品牌在利用他们的影响力进行营销时，要采取不同的路径：

[①] 美国服装设计师、演员、企业家。——译者注

●**娱乐界名人**：把品牌与影视或体育明星联系起来的做法，最早出现在20世纪初。当时，喜剧大师查理·卓别林（Charlie Chaplin）和美国棒球传奇人物贝比·鲁斯（Babe Ruth）受厂家之邀，代言香烟和热狗等几乎所有的产品。就当今的文化而言，名望产生信任。聘请名人进行宣传，有助于迅速树立品牌形象并接近名人的粉丝群。一般而言，明星的品牌参与度较低，但影响范围广，强度大。然而，在现在这个社交媒体灾难经常出现的时代，借用名人的影响进行营销价格高昂，有时还充满风险。

●**大网红**：我们生活在一个影响力被放大的时代，任何人都可以通过在网上发布博客、视频、播客或视觉图像等内容建立影响力。大网红的粉丝一般超过10万人，影响力较广，因而许多品牌愿意付钱去接近他们的粉丝。如果你需要迅速扩大品牌知名度，提升品牌信誉，这么做未尝不可。然而，如果没有相互的价值交换（包括渠道、信息、经历和金钱等），大网红很难对一个品牌保持忠诚。如果有其他品牌愿意支付更高的价格，这些网红甚至会反过头来攻击此前的品牌。要知道，他们首先考虑的是其对粉丝的承诺，而不一定是对某种产品或观点的承诺。

●**专业人士**：此类人员指拥有2万～10万粉丝的专业人员，包括记者、商业领军人物、作家和学科问题专家。他们有较高的权威性，经常在大会上发言，因而你也很容易找到他们。如果与品牌互动能够让他们有机会接触高管，或者能够了解到能够提升自身地位和专业知识的信息，他们会乐此不疲，与品牌一起获得双赢。

● **小网红**：这些人员通常有1000名至20 000名粉丝，日益得到品牌的关注。他们渴望加深对品牌的了解，因而愿意展开品牌对话，并为能够和品牌建立联系而感到自豪。他们有时希望获得一些报酬，弥补一下开销，但他们确实喜欢得到你的产品，并有动力向朋友展示。

● **品牌倡导者**：此类人员其实就是普通人，粉丝少于1000人，因而他们又被称为"微网红"。他们并不认为自己是有影响力的人物，只是喜欢分享自己的日常生活。如果他们喜欢某个品牌的产品，也会乐意分享。他们的影响力有限，但有成为某个品牌最忠诚和最热情的消费者的潜力。目前，很多品牌已经注意到了他们的影响，因为借助他们进行营销，价格低、效率高，并且不会出现营销事故。

因此，并不是所有影响者营销都一成不变。有影响力的人物存在于广泛的领域当中，品牌可以和他们建立联系。同时，影响者营销有多种手段，结果也不尽相同。

从技术上讲，还有第六类影响者，它们就是宠物。例如，在照片墙上，一只名叫基福博姆的可爱的博美犬（@jiffpom）有700万粉丝，"臭脸猫"（@ RealGrumpyCat）的粉丝数量达到240万人，它们都为主人带来不菲的收益。我也想在这方面分一杯羹，但无法让我的金鱼"寿司"（@TheRealSushi）停下来并给我足够的时间拍照。它能够集中注意力的时间太短了！

好了，我们言归正传。

📢 把影响者转化为可信赖的朋友

尽管影响者营销的益处显而易见，但不少人还是对此表示怀疑。由于粉丝数量和点评有可能作假，这些怀疑不能说没有一点道理。事实上，一些尽人皆知的丑闻打击了部分品牌对这种营销手段的信心。我们不得不承认，当一种社交媒体战略日益流行的时候，很快就会有徇私舞弊的事情接踵而至。

然而，毋庸置疑的是，如果我们勤勉、有耐心，影响者营销就会成为有效的营销手段。调查显示，在25～34岁这一年龄段的人群中，超过50%的人表示，他们曾有过这样的经历，即仅仅是由于有影响力人的推荐而去购买某种新产品。对于时装、化妆品和娱乐品牌而言，产品在受到有影响力的人的推荐后销量大增，这并非天方夜谭，而是屡见不鲜的。

影响者通常热情、能力强，更重要的是，他们很高效。平均而言，对于公司发布的宣传品牌的帖子，影响者在消费者参与度方面要比普通消费者高4～7倍。有影响力的人物通常在社交媒体的基层活动，为粉丝提供个性化的反馈，满足粉丝的特定需求。相比而言，大公司要做到这一点，是不可能的。

对时装、食品、娱乐、音乐、个人电子产品、游戏和旅行等行业来说，开展影响者营销不可或缺。然而，影响者营销绝不仅仅是一个消费品营销的手段。微软、思爱普（SAP）、三星和甲骨文（Oracle）等知名品牌都具有成熟的系统，把商业领域的影响者与分析师、媒体人士归于同一类别，以表示足够的尊重。

　　戴尔公司负责影响者关系的总监康斯坦斯·亚历克斯（Konstanze Alex）表示："我们从来不打算让影响者去卖我们的产品，这一点始终贯穿于我们的企业文化之中。是的，希望影响者说'买这个商品或那个商品'的诱惑始终存在。然而，我们的团队自始至终都非常清楚，在我们与有影响力的人物的关系中，我们从不期待他们那样做。"

　　"我们的目标是借助有影响力的人物去提升大众对我们品牌的认知，包括我们能做什么，有什么样的能力，但我们的目的从来不是借助他们的影响力去销售。我们公司为营销人员设立了培训课程，非常明确地告知他们影响者关系所涉及的内容。请注意，我们称之为影响者关系，而不是影响者营销。我们深信，这是一种意义重大、需要从长计议并且必须以信任为基础的关系。"

　　影响者营销对小型公司同样行之有效。我的朋友约翰·菲利普斯（John Phillips）创立了一家别具一格的铸造公司，从废旧结构、犁具和锯片中回收旧钢材，然后手工制作成质量上乘、可以当作传家宝的刀具。

　　约翰是肖恩·布鲁克（Sean Brock）的忠实粉丝，一直想通过社交媒体同肖恩建立联系。家住田纳西州首府纳什维尔（Nashville）的肖恩是一名著名厨师，曾在"美食界的奥斯卡"詹姆斯·比尔德（James Beard）大赛中获奖。

出于巧合，约翰和肖恩在纳什维尔手工艺品展销会上见了面。肖恩在了解到约翰制作的刀具的背后故事后，决定让这些刀具在他自己的哈斯克饭店得以传承，于是就在约翰的展位上购买了几把牛排刀。

肖恩对自己的新发现非常自豪，于是就在照片墙上面发布了一张图片，引起了喜欢肖恩和烹饪艺术的人们的关注。这相当于一个美食界权威给约翰做了广告，宣传效果是约翰无论花多少广告费都无法达到的。

约翰后来说："仅仅一天时间，我的电子邮箱就收到了大量新订单，那张图片对我的业务产生了立竿见影的影响。"实际上，在一周的时间内，约翰的照片墙上增加了几千名粉丝，获得了价值4万美元的新订单，令约翰喜不自胜。顺理成章的是，这些新客户将继续为约翰的公司呐喊助威。

📣 影响者营销与口碑营销的差别

显而易见，影响者营销与口碑营销有重合之处。然而，两者仍有如下三大差别。

第一，在口碑营销中，故事通过对话进行"放飞"和传播。这时候，我们希望，如果故事真实、有趣并且具有相关性，人们就会不断地进行分享。而在影响者营销中，你将确信故事将会得到传播，因为有影响力的人物有历史可查，值得信赖。这一点也让衡量影响者营销的效果更加容易，因为有影响力的人物名声在外，他们的信誉度和影响力比较容易衡量。

第二，在口碑营销中，超级分享者由于某种原因而知晓了你的故事，并积极进行传播，但他们不要求进行价值交换。但在影响者营销中，分享者和公司往往需要价值交换，其中包括经历、内部信息、获得产品的权利，甚至是酬劳。

第三，就大多数国家而言，影响者营销面临更大的监管压力。在有些国家，如果一个有影响力的人为了获得报酬而去推介某种商品，则必须向公众宣布他是在做广告。

影响者营销具有持久的生命力吗？答案是肯定的。这背后的道理显而易见。影响者绝不仅仅是影响者，他们被看作是专家和朋友，而在"消费者小岛"上，朋友之间坦诚相待，相互信赖。

10. 展示、验证社会化证据，呼唤购买行为

大量研究表明，即使打算购买的东西并不值钱，但在购买的考虑阶段，数字原生代平均要在网上查阅四五次以后，才能做出购买决定。他们在寻找什么呢？

在当今世界，选择众多，令人无所适从。因此，人们拼命寻找线索，目的是找到可以步其后尘的人、值得信赖的领导者以及最理想的产品——在产品价格高昂时尤其如此。

因此，建立有说服力的社会化证据，对巩固购买商品时的考虑过程具有重要意义。同时，社会化证据能够帮助消费者确认，他们正在做出正确的购买决定。一般来说，社会化证据包括下面几项：

- 证明和证言；

- 评价；

- 公司和消费者发布的图片和视频；

- 奖励；

- 社交媒体的"存在"。

社会化验证是指为消费者从各种渠道——包括用户生成内容、口碑营销和评价等——听到的故事提供证据。还记得我在第三章讲到的那家手工家具公司的故事吗？当我听说那家公司的时候，该公司的产品就进入了我的购买考虑范围。登录该公司网站后，我发现此前听说的内容能够被其他消费者和供应商证实。我的上述亲身经历，就是社会化验证的一个实例。

呼唤购买行为指采用有创意的方法，将流量的功能从简单地提高品牌知名度，提升至实实在在的购买考虑。呼唤购买行为能够帮助人们对品牌感兴趣，促进参与度，增加成交量。

例如，如果你访问欧莱雅公司（L'Oreal）的网站，可以学习新的化妆技巧。在嘉信理财公司（Charles Schwab）的网站上，人们可以找到学习理财规划基础知识的工具。如果你登录美国奢侈品电商吉尔特集团（Gilt Groupe）的网站，就可以了解该公司独特的商业模式，以及如何得到优惠的价格。戴尔公司的网站则提供了免费的工具，帮助客户评估其数字化更新的进程。

上述公司那样做是为了强调它们产品和服务的独特之处，说服消费者更深入地了解它们的品牌，为公司赢得消费者的购买考虑，提高达成交易的机会。

11. 认清社交媒体的真相

如果我们希望认清社交媒体的真相，就需要问自己下列问题：社交媒体的本质是什么？目前的社交媒体营销存在什么问题？公司能够从社交媒体上得到什么？公司应该采用什么样的社交媒体营销战略？

令人遗憾的是，我们正处在一个社交媒体令人大失所望的时期，并且这种状况还将长时间持续下去。社交媒体充斥着仇恨言论、选举丑闻和情绪操纵，这已经是不争的事实。社交媒体失去了其欢乐和质朴的本质，导致大量消费者逃之夭夭。

然而，社交媒体在对话方面扮演着不同寻常的角色——不过或许与你预期的角色并不相同。

在营销行业，社交媒体营销是一个常用语。但是，如果你仔细思考一下，就会明白，把"社交媒体"和"营销"连在一起，其实是对品牌敲响了丧钟。事实上，社交媒体是消费者建立"消费者小岛"的地方。在那里，消费者与朋友相聚，分享宝宝的图片，庆祝取得的好成绩，观看有趣的视频和分享新闻等。人们不希望社交媒体被营销侵入。更准确地说，人们在社交媒体上尽力躲避营销。

前文提及的《线车宣言》一书，是关于企业如何在社交媒体上展现自己的开创性作品。这本书的作者预测，商业将发生巨大的变化，消费者对话将极大地影响商界（目前已经确实如此），而公司将以人性化的方式加入进来（公司尚未做到这一点）。

社交媒体太受欢迎，发展速度太快，而大部分企业没有耐心，只是希望每一条推文、帖子和图片都成为营销手段并带来投资回报。许多企业没有把社交媒体视为加强与消费者连接的机会，而是重蹈覆辙，用广告对大众进行地毯式轰炸，企图加深廉价的"印象"，以便从每一条帖子和推文中榨取收益。然而，事与愿违，许多企业把"社交媒体"这四个字中的"社交"两个字抹去，导致了下面的结果：

- 对话让位于播出"内容"；
- 社交媒体变成了信息技术工具，自动化程度很高但毫无灵魂；
- 社交媒体被公司的宣传活动所占据，而个性不同、有名有姓的消费者难觅踪影；
- 成功的衡量尺度不是公司与消费者的关系和忠诚度，而是点击量和点赞量；
- 社交媒体的首要功能被改变，把社交媒体变成了扩大知名人物影响力的地方。

这样的话，社交媒体没有从根本上改变市场营销的运作方式，市场营销反而从根本上改变了社交媒体的运作方式。目前，营销费用的八分之一以上被投放到社交媒体上面，并且占比还将进一步走高。

那么，在客户的第三次反抗的大背景下，我们应该采取什么样的社交媒体营销战略呢？

想想前文提到的把消费者比作"岛民"的比喻以及以人为本的营销手段。如果社交媒体具有下列功能，就可以为"岛民"提供有效服务：

- 助力具有相关性的、人与人之间的联结；

- 形成值得信赖的、可靠的交流通道；

- 表达共同的价值观；

- 展现同情、理解和共情等人类情感；

- 创造别具一格的、有娱乐性的经历；

- 展示积极参与当地社区活动的证据；

- 提供可靠方法，保证在消费者需要时做出及时反应。

那些数字"小岛"很可能存在于社交媒体的某个地方，包括脸书社群，红迪论坛（Reddit），领英，推特列表以及其他流行的在线团体。

虽然我对滥用数字化广告进行了严厉抨击，但我同时认为，采用恰当的技巧，通过社交媒体进行推销，能够帮助我们达到上述目标。例如，超级目标定位的能力，能够帮助你找到具有相关性的"小岛"，与最需要你的"岛民"建立联结，并让他们知道为什么你很可能属于他们。

我想说的最后一点是，社交媒体是绝佳的默默倾听和学习的地方。通过社交媒体，我们可以了解"小岛社群"发生了什么，事情是如何变化的，以及我们如何才能在那些社群中扮演有意义的角色。

总而言之，社交媒体目前仍然给我们提供了与消费者建立连接并向他们提供服务的良机，但大多数公司正在错过这个机会，原因是它们的营销策略已经过时，其中包括发布"以我为中心的帖子"和过于随意的内容，以及在有方向性错误的情况下企图去"制造"与消费者的互动。

12. 准确把握内容营销

内容营销与社交媒体营销密切相关，因为内容为社交媒体提供材料，而社交媒体是内容的传播渠道。

为了让你更好地认识"品牌化"内容的相对重要性，我想邀请你参加一个轻松的试验。请想一下，你订阅的、每月至少查看一次的公司内容渠道有多少个？这些渠道包括公司博客、简讯、播客、油管频道，等等。

我曾在课堂和讲座上几百次地问过这个问题，大部分人回答"不超过2个"，最多的也只有5个。

如果你阅读这本书，你很可能是一位营销专业人士，或者希望成为其中一员。因此，你应该对公司内容感兴趣。然而，你并不订阅过多的商业内容。这意味着，几乎没有人订阅商业内容！

大量研究不但支持上述结论，而且还告诉我们，营销机构和人员几乎不能判断他们的内容是否有效。此外，B2B网站上面80%

的内容并没有人浏览。鉴于这样的事实，在当前大多数的营销预算中，与其他营销项目相比，创造内容的花费增长最快，就让人感到诧异了。

按照"集客营销"（Inbound marketing）理论，相关的、精彩的内容能够自动、高效地吸引眼球，引导更多的人访问公司网站。然而，即使该理论的先驱之一、营销自动化公司核心地带（HubSpot）联合创始人达麦什·沙赫（Dharmesh Shah）也承认，目前内容营销几乎成了付费游戏。通常，内容营销只有在付费广告的推动下才起作用。这就让我们回到了我们在本书一开始就问到的问题："如果某个营销战略需要更多的广告投入，而广告却没有人观看或者相信，那么，哪家公司愿意制定这样的营销战略呢？"

如果内容营销"雷声大，雨点小"，混乱不堪，那么为什么还有那么多公司花精力制作大量的新内容呢？答案是，如果不这么做，它们就会感到害怕。在其他公司都这么做的情况下，它们担心，如果不跟随潮流，就会面临风险。极端的案例研究给了人们不切实际的成功希望，而市场营销行业就是建立在这种夸张的、不切实际的希望之上的。我们看到一些公司借助内容营销取得了巨大成功，因而就盲目地推断，内容营销对任何公司、在任何时间都一定是正确的。

我并不反对内容营销。内容营销对许多营销战略来说都是不可缺少的要素。我本人以及我的许多客户的营销行动，同样采用了这一手段。然而，如同社交媒体营销一样，现在我们需要从新的、理性的角度来重新审视内容营销炒作所存在的弊端。我认为,我们应当认识到下列几点。

(1)内容应当和公司产品一样,受到同等水平的尊重。内容绝不仅仅是销售宣传,而是应当足够好,成为独立的、客户渴望得到的产品。在这个信息多得令人无法招架的时代,如果你制作的内容质量不够好的话,你很可能会失败。

(2)关于内容的计划,基本上就是搜索引擎优化的计划。对某些行业而言,搜索引擎优化依然重要,但重要程度或许要低于你的想象。除非你有足够的资源和能力,使你的搜索词成为你所在市场的热门关键词,否则,优化搜索引擎的努力很难得到回报。在语音搜索日益流行的今天,搜索引擎优化将变得更加艰难。即使如此,如果你有意进行搜索引擎优化,内容计划不可或缺。

(3)对大多数企业而言,内容的首要价值要么是建立权威性,要么是提供娱乐。坚持长期、持续地创造优秀内容的战略,可以有效地吸引和留住消费者。

(4)"免费媒体",又称内容分享,是个被许多人误解的营销术语。我把社交分享看作最佳的衡量数字营销效果的标准之一,因为社交分享是对产品和服务进行推荐的信号。内容如果不被分享或被看到,其经济价值为零。这意味着,借助民众去推广内容的战略,要比创造内容的战略重要得多。

(5)对当今许多企业而言,产品本身就是故事。换句话说,与其说人们购买的是实实在在的商品，不如说人们购买的是一个故事。内容在创造和讲好故事方面能够起到重要作用。关于这一点，我们在前文介绍的那个家具公司以及冷藏箱品牌"雪人"已经做出了证明。

（6）通过社交媒体进行传播的内容，可以起到提醒人们就产品展开对话的作用。

（7）内容日益成为B2B销售的组成部分。通常，采购经理事务繁忙，他们希望提前安排和完成工作。然而，有许多采购经理希望在采购周期中较晚的时间段和销售代表交谈。至于为什么出现这种现象，知名数据公司田园点（Idyllic Point）首席执行官安德里亚·埃姆斯（Andrea Ames）给出了答案。她表示："我们不是通过面对面，而是通过内容建立消费者关系，这一特点目前比历史上任何时候都突出。如果你能认识到，在建立消费者关系方面，内容比与销售人员交谈更具有潜力，你就会意识到内容的巨大作用。事实上，内容即是销售机会。阅读你的内容的人们不仅仅是为了自己做研究，他们还会进行推荐，与高管分享，而高管又会把内容发送给其评估团队。总之，你的读者就是有影响力的人。"

尽管有些类型的内容是大多数消费者对话的中心内容，但是，现在我们需要做一些调整，把大水漫灌式的"用内容覆盖世界"的战略，转化为精准的内容营销战略。在这个有针对性的战略中，内容被精心打造，以推动对话和思考。更重要的是，这样的内容有利于社交分享。

13. 创造新闻价值

我目前为止介绍的这些营销战术，有许多重叠的地方。例如，口碑营销能够导致用户生成内容，社交媒体评价可以用作社会化证据，等等。

然而，所有的营销战术都需要动力，因此必须要有供大众讨论的东西。在这个消费者"货比三家"、缺乏忠诚度的时代，品牌需要持续地生成有新闻价值的东西。

有趣的新闻能够起到触发器的作用，进而有效地刺激分享。那些分享内容最多的人，基本上都热衷于新闻，并希望向别人证明他们了解最新的产品、新闻、流行趋势和最新观点。

市场营销行业的领军人物之一米奇·乔尔（Mitch Joel，加拿大企业家，作家）认为，在当今时代，对创造对话而言，创新非常关键。他表示："品牌使企业变得懒惰。它们不把精力集中在产品创新上面，而是放在争夺对产品的感知上面，希望自己的品牌在消费者心中占据优势。品牌缺乏消费者忠诚度的相当一部分原因是缺乏产品创新。如果品牌希望创造对话，就需要创造值得讨论的东西。"

品牌必须从不断提供新闻和形成新闻周期的角度去进行营销，而新闻周期的要素包括有意义的产品创新、能刺激对话的活动以及品牌发布的公告。总之，对营销而言，创造新闻价值具有重要意义。

14. 重视并支持忠诚消费者

在大多数行业，忠诚消费者的人数只占消费者总数的**13%**。在这种情况下，你如何为这部分消费者提供支持，帮助他们传播你所在公司的故事呢？

在本章，我已经介绍了许多切实可行的方法，帮助你去影响你无法掌控的、三分之二的营销市场。要知道，你最忠诚的消费者最有可能在这方面助你一臂之力，因为你已经登陆了他们的"小岛"！

无论你在营销时把重点放在口碑营销、体验式营销还是巅峰瞬间营销，在传播内容和创造新的企业价值方面，最忠诚的消费者都能助你一臂之力。波士顿咨询集团（Boston Consulting Group）的研究表明，最忠诚的消费者对公司营收的贡献率比"货比三家"的消费者高**800%**！

多年以来，我在大学为资深的营销专业人士授课。我经常询问他们这样一个问题："你们知道分享你们公司内容最多的那个消费者的姓名吗？"要知道，即使是规模排名靠前的公司，也不会有几百万消费者去分享该公司的内容，一般最多有几百人。对许多公司而言，甚至只有几十个人或者更少。我把这些特殊群体成为"阿尔法群体"（Alpha Audience）。他们是传播者，为公司提供了最大的营销价值。然而，我每次问这一个问题，得到的只有茫然的眼神。

难道我们不应当赞扬这个忠诚的群体，并给予他们特别的待遇吗？

在这里，我不是在谈论自动化的、由算法驱动的、具有高度客户忠诚度的项目。我的意思是，公司应当为"阿尔法群体"创造特别的、令他们感到惊喜的体验，因为他们相当于公司的市场营销团队！

我认为，实施"阿尔法群体"战术非常简单，只需要以下两个步骤。

第一个步骤是，我们必须设立并维持一个能够系统性地寻找这个群体的系统。换句话说，我们不能只盯着社交媒体的商业智能仪表盘上面的图表，而要扩大寻找范围。这意味我们需要对关于公司的社交媒体帖子进行取样调查。如果我们所在的公司规模较小，或许我们需要阅读所有关于公司的帖子。这还意味着，我们应该要求公司的客服部门多加留意，尽力发现公司真正的粉丝。我们还需要奖励那些既达到销售目标又培养客户忠诚度的客户经理。

第二个步骤可以用"意外的喜悦"这几个字来总结。

即使是脾气非常不好的人，如果某个公司能给他带来意外的惊喜，他也会宣扬这家公司，对其充满溢美之词。拉夫劳伦（Ralph Lauren）、塔吉特（Target）①等公司甚至创建秘密的智能手机应用程序，以便经常地给优秀的客户带去喜悦。

创造"意外的喜悦"并不一定需要制定战略或提供脚本，而是需要用心去做。我们知道，客人在酒店客房得到一瓶免费的水不是"惊喜"。然而，如果得到一头大象，那就是另外一回事了！请看

---

① 拉夫劳伦（Ralph Lauren）和塔吉特（Target）分别为美国时装公司和零售公司。——译者注

下面这个例子。

有一次，我的朋友安德鲁·格里尔（Andrew Grill）入住一家位于阿联酋哈伊马角（Ras Al Khaimah）的华尔道夫酒店（Waldorf-Astoria）。他接到了酒店工作人员卡特琳娜（Kateryna）发给他的短信。他们的短信对话如下：

卡特琳娜：到目前为止，您对我们酒店的感受如何？在您入住期间，如果您需要任何帮助，请告知我。谢谢！

格里尔：请在今晚牵一头大象到我的房间。

卡特琳娜：没问题，格里尔先生。安排我们今晚牵一头大象到您的房间，是我们的荣幸。请问具体是几点钟呢？

格里尔：我在开玩笑！

卡特琳娜：您一旦说出来，我们就会努力实现！

那天晚上，他一进房间，就看到一头玩具大象以及一头用浴巾做的大象！收获了"惊喜"，安德鲁很自然地把他的喜悦之情通过社交媒体发布了出去。现在，他的喜悦瞬间又被记录到了我这本书中。

送给消费者"惊喜"并不一定要夸张。然而，你确实需要培养一种在恰当的时候表达共情的企业文化。

如果你是公司老板，安排经验最少、工资最低的员工去接待有忠诚度的消费者，那么你就是在损害公司最重要的营销机会。在聘用客服人员的时候，一定要意识到，聘用他们并不只是为了填补职位空缺，而是为了让他们借助"惊喜"去开启与消费者的对话。

15. 重新调整，付诸实践

在本章中，我只是介绍了一些营销战术，希望这些战术能够帮助我们借助以人为本的策略，使市场营销行业脱胎换骨。

我还希望你在营销方面有很多新的创意。然而，仅仅有创意还远远不够，你还必须能够付诸实践。换句话说，你必须重新调整预算、优先顺序和组织结构，甚至还包括与营销代理机构的关系。

在本书的最后一部分，我将先介绍一些富有感染力的营销大师，他们一直在寻找创新性的、能够收到登陆"消费者小岛"邀请的新方法。同时，我还将探讨新型营销理念在整个组织的层面上对企业的影响。最后，我将对消费者未来的反抗做出展望。

第四部分
颠覆认知的营销

第十章
营销领域的探路者

卓越的公司有这样的共同点：它们不奢望通过获胜去赢得影响力。它们通过赢得影响力而获胜。

——伯纳黛特·吉娃

对有些公司而言，采取以人为本的营销战略并非易事。要获得这种能力，它们还需要花多年时间去努力奋斗，从根本上改变公司文化，甚至还需要等待一些人退休。

在本章中，我将讲述一些非常具有创新精神的营销界领军人物的故事。在营销方面，他们都已经探索出了具有光明前途的新道路。我希望，他们的故事能够给我们带来启发，赋予我们勇气。

◁》 不是营销，胜似营销

几年前，我的儿子宣布他要和女友结婚。作为老父亲，我一时犯糊涂，答应他在我们家中举行婚礼和招待活动。

我希望婚礼和招待活动的每一个细节都完美无缺。当然，这一切通常要从选择啤酒开始。我建议从一家颇有知名度的本地小啤酒厂订购一些桶装啤酒，但我的儿子说这件事情交给他去办。令我感到惊讶的是，婚礼当天，我儿子的朋友们带来了一些冷藏箱，里面堆满了某品牌罐装啤酒。

我曾经在饮料行业工作过。据我了解，蓝带啤酒被认为是最差的品牌之一。这家公司没有名人代言，不做电视广告，甚至没有自己的啤酒厂——当时，它采用的是代工模式。

然而，不可否认的是，蓝带啤酒后来成了美国青年人喜爱的品牌之一。我总是纳闷，这怎么可能？直到遇到泰德·莱特（Ted Wright），我才弄清楚了其中的缘由。

莱特在高中时，是学校数学竞赛队的队长。毕业后，他在剑桥大学学习数学，他的导师是史蒂芬·霍金（Stephen Hawking）。然而，他当时对商业很着迷。当他在芝加哥大学攻读工商管理硕士学位时，他有了新的领悟。

莱特对我说："在那个时代，学生们刚刚开始在计算机机房的电脑上使用搜索引擎，而当时领先的搜索引擎公司是阿尔塔维斯塔（Alta Vista）和雅虎。一开始，机房内总是闪着红光和蓝光，那是使用这两家公司的搜索引擎进行搜索时，电脑屏幕上反射出来的颜色。然而，有一天，我一踏进机房，就发现机房内闪烁着白光，原因是每个人都突然把搜索引擎换成了谷歌，而使用谷歌搜索时，电脑屏幕反射的光是白色的。此外，令我纳闷的是，在此之前没有见到过谷歌的广告和宣传。为什么这件事情发生得如此迅猛？谷歌搜索引擎为什么突然流行起来？"

新产品是如何传播开来的？针对这一问题，莱特尽可能地收集资料进行研究。最终，他发现了口碑营销中一个几乎被完全忽视的领域。这个领域主要是关于数字，而莱特对数字真是太熟悉不过了。他发现：

- 70%的日常对话是面对面进行的；
- 在15%的日常对话中，人们会提到一个品牌的产品或服务；
- 在美国品牌的销售中，20%得益于朋友的推荐。

这意味着，在美国，一个普通人每周要进行112个营销对话，谈论大约56个不同的品牌。大约10%的人（也就是第九章提到的超级分享者）的对话次数要比平均数高50%，谈论的品牌数量是平均数的两倍！

泰德意识到，这就是为什么搜索引擎的屏幕突然变成了白色。事实上，这正是美国企业必须要做的事情。营销靠的不是夸夸其谈的广告或者具有误导性的公关宣传，而是口碑。在美国，这一点几乎被完全忽视。同时，这种情况又意味着存在重大的商机。

于是，莱特创立了一家小型营销公司，名为"气泡机构"（Fizz Agency），并将其基于公式的营销理念付诸实践。如果你相信数字，你就会相信这种营销理念很可能会成功，而莱特是一个相信数字的人。

不久，蓝带啤酒公司给莱特打来了电话。

莱特认为该公司具有一个很有吸引力的故事。我们知道，当一个故事由合适的人传播时，这个故事可能会传遍四方。

莱特开始频繁与顾客交谈，询问他们喜爱喝哪个品牌的啤酒以及背后的原因。当时，美国的青年人渴望发出自己的声音。

如果品牌的形象不是由广告和公司管理者创造的，而是由消费者创造的，会发生什么呢？

莱特表示："对美国的青年人来说，最糟糕的事情是随波逐流，无论是喝某个牌子的啤酒还是开某个品牌的汽车。对他们来讲，关键词是'真实'。因此，他们会青睐被社会主流视为无可救药的、不时髦的东西。"

"事实上，对厂家而言，投入巨资做电视广告是会带来巨大挑战的。蓝带啤酒没有资金做传统广告，这反而成了该品牌的一大卖点。事实证明，如果有迹象表明某个品牌太希望获得消费者的喜爱，那么结果往往会适得其反。这样的品牌最需要效仿我们的以人为本的营销战略。"

"我们的诀窍是，在这批已经有影响力的粉丝中，找到最有影响力的那部分人，鼓励他们和朋友们谈论蓝带啤酒。我们需要做的，只是给他们提供值得分享的好故事罢了。"

"我们发现，人们之所以喜爱蓝带啤酒，是因为这个品牌低调，不做作。于是，我们就走上街头，向那些有创意、纯粹是出于热爱而去做炫酷、有趣的事情的人们提供支持。"

"如果我们听说青年人要举行自行车比赛，我们就到场助他们一臂之力。我们把啤酒和带有该品牌商标图案的帽子带到画廊开业仪式、滑冰派对、杂耍比赛等多种活动的现场。我们还给由矮小症患者组成乐队Mini Kiss（该乐队模仿知名的Kiss乐队）带去6箱啤酒。我们并不是把东西送去以后就马上离开，而是和这些青年人谈论他们喜欢的事情。当然，我们也谈论蓝带啤酒。"

"得益于我们的努力，蓝带啤酒的销量缓慢、稳定地上升。在我们开始营销的第一年，销量增长5%；第二年和第三年分别增长15%。第四年，《纽约时报》（New York Times）刊登了关于蓝带品牌的专题文章，标题为'不是营销的营销'。"

到了第五年，人们在美国各地最酷的酒吧都能找到蓝带啤酒，其年复合增长率高达55%。在美国各州，蓝带啤酒的销量最少增长10%，其中在30多个州的销量急升50%。

现在，莱特的公司生意兴隆。其位于亚特兰大的总部有许多有趣的人，为几十家品牌创作"人们喜欢谈论的"故事。

◁)) 陌生人之吻

这是一个无品牌营销的故事。在纽约，甚至还出现了一种流行风尚，就是小心地把衣服上的商标去掉！

知名记者娜奥米·克莱因（Naomi Klein）出版了《No Logo：颠覆品牌全球统治》（*No Logo*）这本书，讨论品牌和营销正贪婪地侵入公共生活的各个方面的问题。她在书中记录了基层大众——尤其是青年人——对这一趋势的强烈抵制。娜奥米认为，公众的这些反响是对消费者反抗营销的支持，并鼓励人们采取不同的生活方式。可以预见，公众将勇敢地站起来并大喊："我们受够了！"

反品牌运动的一个迹象是，一种新型营销出现了。这种营销的品牌包装和广告都非常少，以至于很难判断是哪家公司在进行营销。你或许会怀疑我是不是疯了，但无品牌营销是非常有吸引力和名正言顺的营销理念。

◁» "无奴巧克力"

下面是一个价值观营销的故事。我将分享一家荷兰公司的有趣故事，因为这家公司完全依靠价值观而发展壮大。

大约20多年前，荷兰记者特恩（托尼）·范德库肯［Teun（Tony）van de Keuken］从一本书中了解到，西非地区的可可农场存在大量奴役童工的现象。他大为震惊，不敢相信奴隶制在当今世界仍然存在。于是，他决定前往西非进行调查，并拍摄一部纪录片去揭露真相。

实际上，在可可豆产量占全球产量70%的西非，对童工的奴役普遍存在，令人发指。美国杜兰大学（Tulane University）发布研究报告称，目前仅仅在西非就有230万儿童在非法工作，被贩卖和被强制劳动。他们被迫搬运重物，还不得不面临杀虫剂带来的危害。他们被迫在白天从事重体力劳动，根本无法上学，因而成为失学儿童。

其实，世界上的大型巧克力生产商已经签订了国际协议，承诺在2001年之后禁止使用童工。在此背景下，西非仍然存在大量被奴役的童工，就更加骇人听闻，引人深思。

在撰写研究报告期间，范德库肯联系了全球很多大型巧克力生产商，但没有一家愿意接受采访。纪录片面世后，托尼吃了一些巧克力后向荷兰警察自首，声称自己是一名罪犯，自请受刑，原因是自己助纣为虐，支持对非洲童工的奴役和盘剥。范德库肯的举动在社会上引起广泛关注。

震惊和愤怒之余，托尼决定采取进一步行动。他成立了自己的巧克力公司，取名为"东尼的寂寞巧克力"（Tony's Chocolonely），决心在可可产业消除对童工的奴役。托尼与注重伦理道德的可可种植者建立透明、公平的长期合作关系，直接从他们那里购买可可豆。

通过在加纳和科特迪瓦的六家合作社，托尼的公司与5500名农民合作，帮助他们通过可持续的方式提高可可豆产量。公司组织这些农民学习农业知识，学习期间还支付他们生活费，因而他们就可以雇用其他成年人来工作，而孩子们则可以照常上学。

由于供应链较为复杂，许多强制童工劳动的可可农场的名称被淹没在供应链当中，农场主因此逃脱了谴责和惩罚。对此，托尼的公司决定为整条供应链负责，出价高出市场价20%，确保可可供应链成为"无奴"供应链。

此外，托尼的公司并没有在传统的营销市场进行投资，而是凭借其产品与消费者直接对话，进而引发了更多的口碑对话和推荐。

例如，这家公司出售19种口味的巧克力。在包装盒内，每块巧克力的大小并不规则，这与传统的做法截然不同。这样做的目的是让消费者意识到，巧克力产业存在的不平等和不道德现象。除此之外，在包装盒内的包装纸上，还印有公司的使命和故事，呼吁消费者加入铲除盘剥童工行为的斗争。

虽然这家公司有严肃的一面，但其产品包装绚丽多彩，设计巧妙有趣，给消费者带来了愉悦和兴奋。每种包装以及与消费者的每次互动，都被公司视为宝贵的机会，用以传播公司的价值观和使命。

这家公司还致力于提升商业透明度，并在网站上分享详细的商业计划和路径。公司当然会宣传自己的成功，但从不隐瞒自己的失败。其基于价值观的营销，方法得当，有利于消费者主动去讲述公司故事。这种方法效果立竿见影，造就了许多典型的成功案例。目前，这家公司盈利颇丰，规模迅速扩大，越来越多的网站和实体店都在销售其产品。

最重要的是，托尼的竞争对手们无法再对托尼置之不理。这家荷兰公司在价值1000亿美元的市场上日益取得进展，其他大型巧克力生产商开始考虑自身供应链存在的问题并着手加以解决。

一旦你了解了托尼的故事，你对巧克力的看法或许也将发生改变。就我本人而言，我已经把这家公司的巧克力当作日常礼物，送给家人和朋友，进而传播其故事。就像托尼的其他粉丝一样，我也已经变成了他的免费推销员。

◁》人类学视角下的营销

在当今世界，什么才是真正的品牌建设？

我们中的许多人或许认为，品牌建设的重点在于我们自己，在于我们如何运用有"魔力"的营销手段，包括色彩、形状、数据、视觉、对立、设计、公共形象、身份、美丽和简约的观感。然而，成功的品牌之所以获得广泛认同，并且其品牌形象能够像野火一样迅速传播，是因为它们能够看到并理解生活中的点滴细节并加以挖掘，而其他品牌不具备这种能力。

这正是马丁·林斯特龙（Martin Lindstrom）所做的事情。我认为，林斯特龙是世界上最杰出的营销大师之一。然而，他的诀窍并不高深，他只是拥有一种看似简单的能力，即注意到细节并将消费者的需求与品牌密切连接在一起。

林斯特龙对人们的家庭、工作和购物体验进行仔细研究，探寻其中的各个角落，并将研究成果转化为强大的商业洞察力。

这一切要从他的乐高积木玩具开始说起。

当林斯特龙年仅12岁时，乐高公司希望对其消费者进行研究，而该公司的消费者是少年儿童。乐高公司将林斯特龙作为他们的研究对象之一,让林斯特龙玩乐高玩具。这段经历对林斯特龙的未来职业生涯产生了不可磨灭的影响。

林斯特龙对我说:"当我长大以后,我开始从两个角度审视我自己。是的,我当时是个孩子,我玩耍,获得了很多乐趣。然而,我也开始从乐高公司观察我的角度来观察我自己。打个比喻来说,就好像我身上有一部照相机,我能够观察我怎么玩和为什么玩。我变得对玩这种行为感到好奇,当我和朋友们在一起时,我会问他们一些问题,了解他们玩耍的方式是否和我一样。我开始像一名乐高营销人员那样思考问题。"

当林斯特龙进入商界后,他注意到,商家没有与消费者连接起来。营销机构和人员专注于职场关系和不相关的指标,而不是把工作重点放在如何进行有意义的创新以及更好地为消费者提供服务上面。

林斯特龙表示,对公司而言,变革的阻力太大了。即使公司明白需要进行变革,但实施起来困难重重。最后什么也没有做。相比而言,消费者正在驱动公司去做出变革,并且他们的呼声越来越高。公司需要倾听消费者的声音,但许多公司还没有行动起来。

林斯特龙说:"我的使命是,促进公司更加接近消费者。公司只能这么做,别无选择,因为公司和消费者之间的游戏已经开始,并且掌控权在消费者手里。公司应该怎么调整呢?答案是,公司应当摧毁所有的形式主义以及完全脱离现实的内部关键业绩指标（KPI）。公司应当把注意力集中在促进公司发展的要素上，这个要素之一就是消费者。我的方法是，把消费者带给公司，把公司带给消费者，以便双方每天都'见面'。"

当我和林斯特龙谈话时，他正在去迈阿密拜访客户的路上。他对我说："明天，将有一家世界级的公司与我见面，我们还计划访问迈阿密的社区。大部分消费者并不知道我们是谁，这有利于我们看到真实的情况。一些高管还从来没有做过这样的事情，这种现状令人感到难过，却是事实。"

林斯特龙通过让其客户与永恒的人类需求相连接的方式改造客户，帮助他们脱胎换骨。他已经与几十个全球领先的品牌合作过，并且最喜欢用瑞士航空公司作为例子来说明他的工作成就。

瑞士航空公司是欧洲最大的航空公司之一，该公司要求我们对经济舱进行重新设计。如果你对经济舱乘客进行过调查，你就会知道，他们希望航空公司能够在前后排空间、食品服务和票价方面做出改变。乘客的这些要求并不令人意外。然而，如果我们的调查仅仅得出这样的结论，我会被当场解聘，因为这样的结论毫无新意。更重要的是，如果我只得出上述结论，只能说明我们在调查时问错了问题。

一个更好的问题是应该是："在乘坐经济舱时，您有什么感觉？"事实上，我们登上飞机进行了实地调查，得到回答是"焦虑"。乘客们担心迟到，担心安检，担心如何放置随身行李，担心托运的行李会丢失，还担心入境时耗费的时间过长。

过去，在营销时我们或许从来不考虑去解决乘客焦虑的问题，因为我们的注意力不在于此。因而，我们通常只是对我们的新客机以及其他产品或服务夸夸其谈。退一步讲，即使我们考虑了乘客的焦虑问题，我们也只是认为做个广告就可以安抚乘客的焦虑情绪。我们还会派发代金券，认为这样做以后，乘客就会奇迹般地不再那么焦虑。

现在，我们的做法则完全不同。我们在地勤和空乘人员之间设立了通信通道。这样的话，当一架瑞士航空的客机将要在纽约降落的时候，机长就会宣布："女士们！先生们！我们将在40分钟后降落在肯尼迪国际机场。我希望你们的旅行非常愉快。我还有一些好消息要告诉大家。我们将降落在109号门，距离入境检查站有6分钟的路程，这应该说还算一个不错的消息。更好的消息是，我从入境检查站负责人那里了解到，等待入境的时间只有17分钟。此外，取行李的等待时间仅有18分钟。因此，如果运气好的话，您将在半个小时内离开机场。我还和地勤负责人通了话，得知从您取完行李开始计算，乘车到达曼哈顿的时间平均为27分钟。因此，如果您居住在曼哈顿，从现在算起，您有望在90分钟内到家。"

这样的信息才能真正消除焦虑。这种做法与传统营销大相径庭，但这就是我们的营销核心，因为这样做能够赢得消费者的满意和信任，而这一点是营销的根本目的。

首席营销官不能再仅仅关注营销仪表盘，而应该把消费者的需求融入公司的每个部门，并围绕服务消费者这个唯一的目的，去激发各个部门的反应。对于这种目的和驱动力，公司的每个成员都必须心知肚明。这才是我们当前需要的首席营销官。

🔊 "透明"服装

有一次，我在家款待一些年轻的朋友。席间，一位年轻女士开始兴奋地谈起，她是如何对在线零售时装零售商埃韦兰斯（Everlane）着迷的。我也变得好奇起来，因为正是像她这样的人正在抛弃主流零售品牌。

我问道："埃韦兰斯有什么特别之处？"

她答道："哦，他们为了感谢我的支持，向我的账户转了40美元，并且对于我如何花掉这40美元不附带任何条件。当然，我很快就花掉了，买了这个品牌更多的时装。我和多少人谈起过这家品牌？这样说吧，本周我至少帮助这家品牌促成了价值600美元的服装交易。"

消费者就是营销员，埃韦兰斯深谙其中的奥妙。

埃韦兰斯由迈克尔·普里斯曼（Michael Preysman）创立于2011年，当时他只有25岁，在一家投资公司工作。虽然在大学时他的专业是计算机，但他梦想着创建自己的公司，去制造"实物"而不是开发软件。经过仔细观察和思考，他找到了颠覆服装零售业的机

227

会。他发现，生产服装的成本较低，但零售价非常高，原因是服装出厂后，批发商、零售商和其他中间商都要分得一部分利润。

仅仅在5年多一点的时间内，迈克尔在几乎不做广告的情况下将公司价值提升到2.5亿美元，这在此前的时装业闻所未闻。

乍看起来，埃韦兰斯的服装非常普通，甚至有点乏味。它的特点只是设计简约、清爽，价格合理。如果仅仅从这一点来看，埃韦兰斯并无过人之处。然而，从营销的角度来看，该品牌却别出心裁，遥遥领先。

对于大多数服装零售品牌而言，营销内容是标准化的：价格、性能和生活方式。营销的诀窍是通过广告、包装、店内陈设以及要价不菲的模特，向消费者说明本公司生产的服装在上述三个方面与其他公司有何不同。这种营销需要投入大量资金，非常昂贵，初创公司根本负担不起。

埃韦兰斯的绝妙之处在于，该公司通过故事、公司行动、网站设计——更重要的是，通过粉丝——等多种渠道介绍生产成本，使公司定价完全透明。

得益于网上直销，埃韦兰斯的售价如果是成本的两倍，即可赢利。相比而言，时装零售公司的零售价一般是成本的8倍到10倍。在埃韦兰斯网站上，任何一件商品都附带一张简图，说明制作成本和公司利差。

埃韦兰斯围绕着"简易"来设计其商业模式，设计因素包括：

- 简约的设计，最少的库存；
- 几乎无打折或促销；
- 无中间商。

然而，时装业内部人士称，埃韦兰斯的真正独特之处在于其别具一格的营销团队。埃韦兰斯的营销团队不断地寻找线上和线下的消费者触点，下面是几个例子：

- 每上市一款时装，都配以图片，唤起"毫不费力的时髦"带来的美感。图片的主人公一般是设计师或老顾客（高、矮、胖、瘦的人都有），传递出客户与品牌联结的感觉。
- 在照片墙上面发布诸如"我去哪里旅游"的话题标签，鼓励公司粉丝展示公司产品以及度假图片。
- 与其简约主义和反对消费主义的主张一致，公司把"黑色星期五"促销日获得的利润全部发放给其一线员工。

通过致力于消费者驱动型营销，埃韦兰斯颠覆了传统零售的模式，已经成为业内最人性化的公司。

◁)) 融入消费者的巅峰瞬间

在电视机出现初期，播出的内容大都是当地有特色的节目，包括烹饪、综艺和手工艺品节目。那个时候，并没有太多的观众观看这些节目。因此，早期的电视工作者必须要有创意，才能制作出吸引人的节目。

同时，那个时候做广告业很简单。在我的家乡田纳西州诺克斯维尔市，当时的广告时间基本上被一名叫卡斯·沃克（Cas Walker）的杂货店经营者所占据。在节目间隙的广告中，他就会介绍他的杂货店并重复他的商业广告语：我卖的肉质量很好。如果是现在，这句广告语可能不会带来好的效果。然而，由于当时电视营销刚刚起步，一些简单的内容也可以赢得一些观众，哪怕内容有些粗糙。

如今，为了吸引观众的注意力，本土的烹饪节目恐怕还远远不够，而是需要《权力的游戏》（*Game of Thrones*）一类的电视剧，这是因为现在人们的选择范围非常广泛，因而希望获得独特的、"史诗般"的体验。

广告代理商巨勺公司的联合创始人马克·西蒙斯（Marc Simons）提供了这种体验。

马克·西蒙斯从小在其父母开办的、位于纽约州北部的宠物食品店帮忙。在那个时候，他就发现了自己天生的营销才能。在大学时代，他是第一批采用社交媒体的群体中的一员。他还很早就认识到了数字科技的巨大需求，因为他当时注意到，许多公司都在努力揭开脸书和油管的秘密。

最终，得益于出色的能力，他在洛杉矶的一家营销代理公司找到了职业发展的机会。在这家公司，他大胆创新，把新兴科技与传统营销完美地结合了起来。

　　马克·西蒙斯表示："我当时的工作就是努力成为弄潮儿，发现下一个机遇，并尽早推荐给客户，其中包括家具建材零售商家得宝（Home Depot）和哥伦比亚广播公司（CBS）。我就是那个提出古怪想法的人。事实上，我的想法是那些古怪想法中最古怪的。幸运的是，这些公司在尝试最新媒体方面有预算。"

　　"我意识到，在这个纷杂的世界，营销的秘诀在于创造出新颖、疯狂和引发对话的东西，以便赢得媒体和消费者的广泛关注。因此，我的工作就变成了去创造人们愿意谈论的话题，创造人们希望分享的事物，以及创造人们愿意付费的东西。我发自内心的愿望是，创造以前不曾存在的东西。"

　　后来，他与同伴联合创立了巨勺公司，这些理念和想法变成了他们的核心竞争力。他表示："我们不想制作前置广告并在人们真正想看的内容之前强行插入广告。我们想制作人们想看的内容。如果我们能够做到这一点，就很可能会成功。"

　　巨勺公司这种营销方式的一个杰出案例，是该公司在美国圣地亚哥国际动漫展（Comic-Con International）为电影《银翼杀手2049》（*Blade Runner* 2049）进行的宣传活动。

　　马克·西蒙斯表示："我开始思考，如果建一个'银翼杀手'

主题公园，让观众在动漫展的四天时间里进行一场完全沉浸式的旅行，会有什么样的效果？我们能成功吗？华纳兄弟娱乐公司（Warner Brothers）和艾肯娱乐公司（Alcon Entertainment）给我们展示了这部电影的主要艺术特色，我们公司则被那个餐馆的场景所吸引。如果人们能够进入那个餐馆，会发生什么？它的内部是什么样子的？如果人们身处2049年阴郁而又潮湿的洛杉矶，会有什么感觉？我们认为，那将是一次特别酷的体验。"

最终，巨勺公司的团队在圣地亚哥会展中心附近找到一块土地，建起了一个巨大的黑色的马戏团帐篷。在帐篷内部，他们搭建了一座四维（4D）影院，里面的椅子可以移动。观众进场后，戴上虚拟现实头戴式设备，即可体验一场疯狂的、幻想式的赛车追逐。体验结束后，观众取下头戴式设备，可以走进"车祸现场"和"银翼杀手"的世界。

马克·西蒙斯还对我说："实际上，我们还使用了降雨机。因此，观众还必须在屋檐下行走。当观众取下头戴式设备并进入'银翼杀手'的世界时，他们感到非常惊奇，因为场景的细节设计非常细腻。当主演哈里森·福特（Harrison Ford）和瑞恩·高斯林（Ryan Gosling）到现场访问时，他们甚至认为那就是电影里的真实场景。"

当观众进入"车祸现场"后，继续向前走即可走进那座未来的、潮湿的餐馆。在那里，25名身穿特制服装的演员将为观众提供服务。

马克·西蒙斯还介绍说："餐馆提供面条，因此观众可以像在这部经典电影中一样吃一小杯面条。威士忌品牌尊尼获加（Johnny Walker）是这部电影的赞助商，因此，我们还提供免费的尊尼获加威士忌。整个沉浸式场景的设计独具匠心，观众们纷纷拍照分享。同时，我们公司也努力捕捉精彩的瞬间，在活动结束时把图片送给观众，以便他们在社交媒体上面分享。为了获得这种体验，有些影迷排了六个小时的队，还有的影迷体验了两次！事实证明，我们确实创造了一种消费者愿意花钱的营销体验。"

巨勺公司的宣传活动并不是要花招。实际上，通过系统和自然的方式，该公司创造的内容和沉浸式体验有效地讲述了品牌的故事。

马克·西蒙斯强调："我们突出强调品牌的属性，但所采用的方式一定要让人们感到兴奋并愿意参与。当人们沉浸于高质量的故事时，他们对品牌的信息就会持更加开放的态度。实际上，如果通过令人惊喜的体验给消费者传达品牌的信息，消费者会欢迎这样的信息。巨勺公司有这样的理念：我们是一家渴望永远不做广告的广告公司。这好像与直觉背道而驰。然而，我们深信，老一套的营销已经无路可走。我们必须观察消费者的价值观和文化，并创造相应的营销战略，融入消费者的巅峰瞬间，融入他们的潮流。如果你能做到这一点，他们就会自然而然地关注你的品牌。"

🔊 产品亦内容

如果你想研究一家已经深刻理解消费者的第三次反抗的公司，美妆品牌华彩公司是绝佳选择。实际上，这家公司就是靠消费者的第三次反抗发展起来的。

创始人兼首席执行官艾米丽·韦斯原本在《时尚》杂志社担任时尚助理。那个时候，她开始在上午上班之前发表关于化妆的博客。不到一年时间，她的博客"光彩夺目"（Into the Gloss）给她带来了不菲的广告收入，于是她决定辞职。对关心最新护肤品和化妆品的女士而言，艾米丽的博客简直就是圣地。同时，她的博客还成了爱美女士相互交流的论坛。

读者对博客的反馈成了艾米丽的研发素材。根据读者的好恶，她在2014年10月推出了自己的美妆品牌华彩，销售对象是她社交媒体上150万活跃、积极而又急切的粉丝。

华彩是首批诞生于社交媒体的大品牌之一，并且非常适合于在社交媒体上传播：其产品的包装具有现代和简约的风格，在图片上显得特别漂亮。每一款华彩产品到货时，都装在一个可重复使用的粉色塑料袋内，而塑料袋又成了拍摄照片墙图片时的理想背景。

在华彩的竞争对手遭到亚马逊痛击之时，华彩作为直销品牌却逆势成长，并成功融资3000多万美元。

艾米丽的巨大成功，背后有下面六条关键战略。

1. 注重人情味

艾米丽创业之前，首先打造了其个人品牌。她写了几年博客，拥有忠诚的读者，而这些读者非常信任艾米丽和她的公司。艾米丽本身就是一个品牌，一个注重人情味的品牌。

艾米丽的主要粉丝为千禧一代。数据显示，33%的千禧一代在做出购买决定之前主要参考他们信任的个人博客。相比而言，只有不到3%参考电视新闻、杂志和书籍。

艾米丽希望，每个消费者都会感到华彩这个品牌本身就是一位密友。这位密友有点年长，或许很酷，但从不缺乏幽默感和亲和力。艾米丽表示："我希望创建这样一种品牌，你愿意穿着这个品牌的运动衫进行宣传。这个品牌像你的朋友一样，蔼然可亲。"

2. 合力打造用户生成的内容

超过60%的千禧一代表示，如果一个品牌愿意在社交媒体上与他们互动，他们就更愿意对该品牌表示忠诚。

华彩公司几乎所有的营销，都是由消费者在社交媒体上进行的。随后，公司总部会进行筛选和巩固。

每天，这家品牌都会在成千上万张带有话题标签的图片中寻找"率真女孩"模特，以便在公司的社交媒体上进行推送。粉丝们都非常卖力地宣传这个品牌，因为她们都想成为公司的模特。这样，华彩公司的社交媒体推送就变成了一个很酷的社群，大家都展示真实的自我，从不伪装，因而获得很多乐趣。

3. 通过共同价值观实现意义

共同的价值观能够带来意义。就华彩公司而言，那些抛弃选美皇后幻想的女士们，很自然地选择了这个品牌的产品。不仅如此，该品牌的这种赋予消费者力量的能力，还反映在公司的内容和营销活动当中。

艾米丽说："目前，女士们已经坐在了驾驶员的位置上。她们掌控着自己的日常生活，并且能够从朋友那里和网上在全世界范围内获得所需要的信息。当一些美妆品牌在20世纪四五十年代创立时，社会上存在的价值体系与现在相去甚远。当时的价值体系必须与魅力和奢侈的生活有关。然而，我认为目前的价值体系主要与力量有关。"

4. 借助归属感踏上创新之路

华彩公司被著名商业杂志《快公司》评为全球最具创新力的品牌之一。这种现象并不常见，因为通常人们不会把美妆品牌看作创新的源泉。然而，在朋友们的帮助下，艾米丽的公司成功赢得了这一称号，并成为借助归属感进行创新的绝佳范例。

除了巧妙地把社交媒体反馈转换成创新项目外，华彩公司还为前100名最佳消费者在工作平台思来客（Slack）上面创立了协作通道。华彩公司每周都收到1100多个创意，持续为新产品的推出提供奇思妙想。

5. 每款产品都是口碑营销的发动机

艾米丽把华彩公司看作一家内容公司：每款产品都要被打造成启动口碑对话的发动机。每一件产品和包装的设计，都必须有利于在社交媒体上分享。该公司的产品包装内，装有一长条涂鸦贴纸，方便消费者把贴纸粘贴在他们购买的产品上并在社交媒体上分享。

艾米丽还表示："目前，人们的购物方式已经发生变化，一个人成为时尚带头人的时代一去不复返。女士们从她们的朋友那里寻求美容产品，不再寻求其他途径。"华彩公司80%的消费者是通过朋友推荐知道这个品牌的。

该公司使用视频创作工具回头客（Boomerang）来展示新款产品，以便给潜在客户营造一种真实的、用户生成的形象和感觉，这种做法与传统的时尚图片形成强烈对照。此外，该公司还开展了体验式营销的试验，在纽约和旧金山设立"快闪"美容柜台和餐厅。

6. 保留真实评价

华彩公司的每一个产品页下面都有许多评价，其中的一些评价颇为诚恳。例如，"我希望自己能够喜欢这款产品，但我感觉它很一般。甚至有点令人恶心"。

鼓励消费者进行评论，包括负面评论，展现了该品牌率真的一面。

此外，艾米丽本人还经常亲自参与这些评论，直接回答消费者的问题。

艾丽米非常低调，并不把自己看作像拉夫·劳伦（Ralph Lauren）或雅诗·兰黛（Estée Lauder）一样的时尚行业传奇人士。她说："我们的许多客户甚至不知道我是谁。"

然而，艾米丽具有非凡的洞察力，她意识到了消费者的反抗，认识到科技正在改变消费者谈论和购买美妆产品的方式。她成功地创立了公司，并实现了赢利。她很聪明，能够敏锐地意识到消费者控制了市场。同时，她还拥有足够的智慧，找到了让消费者讲述她的故事的方法。

我希望你喜欢上述案例研究，并从这些开拓者身上获得启示。然而，仅仅希望得到更加以人为本的营销方法，还不足以激发任何改变。那么，我们如何才能让这种新的想法付诸实施呢？

在消费者反抗的时代，营销能否成功地预测指标，与经费和技巧毫无关系，你必须有恰当的公司文化作为支点。实际上，你的公司文化就是你的营销。这一点我将在第十一章中进一步讨论。

第十一章
大胆的营销改革

我已经把恐惧当作生活的一部分，尤其是对变化的恐惧……即使内心深处不停地提醒："往回走。"我仍继续向前。

——美国小说家、散文家及诗人艾瑞卡·琼（Erica Jong）

我们已经一起回顾了市场营销产业的大部分历程，但还有一个问题尚未解决。现在，你已经理解了消费者的第三次反抗意味着什么，也知道自己需要做什么。你未来的挑战在于，如何让你的团队和公司领导人相信，必须进行改革。

如果你出现下面的迹象，说明你或许已经深陷在后忠诚度时代已经不起作用的营销战略当中：

- 每年只是对营销战略和预算做微调；
- 与三年或五年前相比，广告方式基本没有变化；
- 仍然注重目前已经不复存在的销售漏斗；
- 依靠新闻稿分发服务，宣传自己的观点；
- 禁止员工发布关于公司的帖子；
- 依靠电视广告或平面媒体广告，刺激销售增长；

- 发布老套的社交媒体内容；

- 感觉自己经常处于落后状态；

- 把资金投向你并不懂的营销科技；

- 沉迷于商业智能仪表盘而不是注重消费者；

- 将营销工作交给信息技术部门；

- 将营销工作交给任何从来不登录脸书或领英的人。

在本章中，我将探讨消费者的第三次反抗在组织的层面上对企业的影响。你知道消费者的第三次反抗是真实的，必须马上采取行动。问题是，到底如何去做呢？我认为，我们至少应当注意下面的问题。

◁)) 美国铝业公司的改革

如果你是一个公司或营销代理机构的领导，你所处的岗位使你有能力做出改变，以便"受邀登岛"。然而，如果你在一个组织机构内部的级别较低，你或许面临着更大的挑战。

自下而上改革公司文化是很难的。这是因为，主导公司预算和战略的人，同时也主导着公司文化。

当我在美国铝业公司（Alcoa）工作时，我目睹了一件事情，而这件事情是上述理念的最佳例证之一。当时，由于公司事故率较高，董事长保罗·奥尼尔（Paul O'Neill）先生决定采取措施，解决这一问题。

我职业生涯的相当长一段时间是在美国铝业公司度过的，对此我感到非常幸运。在我任职期间，美国铝业公司是一家大型蓝筹公司，非常注重员工的人品和领导力。我以大学实习生的身份进入这家公司，遇到了许多充满智慧、有号召力的杰出领导。我暗下决心，争取成为这家公司的全职员工，并努力提升自己，把自己变成像那些领导一样的人。

美国铝业公司当时是《财富》世界100强公司之一，主要业务为采矿、冶炼和生产各类铝制品。矿区和工厂的生产环境意味着工人有可能受伤，因为在这种生产环境中有许多大型机械，熔融金属，有毒化学物质，以及从温度高达1400度的冶炼炉中排出的烟尘。虽然该公司操作规范，注重道德伦理，满足了政府制定的标准，但工伤事故仍难以避免。

有一次，一名工人在位于印第安纳州的工厂内被设备挤压身亡。该工人是工厂安全生产委员会的成员之一，但违反了她参与制定的安全规章。消息传出后，整个公司笼罩在悲伤的气氛当中，我永远不会忘记当时的感觉。我记得，当时办公大楼内的每一位员工都悲痛万分。我从来没有想到，自己会参加有人大哭的员工会议。

保罗·奥尼尔担任董事长后，他表示将尽量避免事故发生。他要求我们的思想要有"量子跃进"式的变化。他认为，如果员工有受伤的风险，只进行渐进式改革是不能被接受的。每次开会，他都首先强调安全生产。每次到工厂检查工作，他都把安全检查放在第一位。

甚至在每季度的财务分析师会议上，他都要谈论安全生产的问题。

不久之后，发生了一件改变美国铝业公司的事情。

在当年的年度股东大会上，有几位来自墨西哥的女士坐到了会场的第一排。在问答环节，其中一名女士羞涩地举起了手。征得首席执行官同意后，她站了起来，讲述了美国铝业公司雇员在墨西哥蒙特雷附近的工厂受到伤害的事情。她表示，她参加在匹兹堡举行的股东大会的目的，是对工作环境表示抗议。从董事长脸上的表情上可以看出，他非常重视这件事情。最终，他邀请这些女士在会后和他会谈。

随后，保罗·奥尼尔在第一时间搭乘公司的飞机飞往墨西哥进行实地调查。回到公司总部后，他立即解聘了负责那座工厂的职能分工和工作环境的负责人。被解聘的那个人曾是美国铝业公司最受尊重的高管之一，他的职位比蒙特雷工厂的经理高五个等级。这样一位备受尊重、职位如此之高的高管竟然因为安全生产问题而被解聘，出乎所有人的意料。

这件事情在美国铝业公司引起极大震动。如果说一家跨国公司有可能自上而下地改变其公司文化，美国铝业公司就是在那一天给出了这样的例证。

📁 自上而下改革公司文化

随后发生的事情似乎可以称得上奇迹了。美国铝业公司在安全生产方面对体制和培训进行了大刀阔斧的改革，增加了投资，导致工伤事故大幅减少。短短几年时间，美国铝业公司的工伤事故率骤降，以至于美国铝业公司工人受伤的可能性比国际商业机器公司（IBM）白领职员还要低。美国铝业公司在安全生产方面的转变意义非凡，受到广泛关注。美国铝业公司甚至对其他行业的专业人士进行培训，帮助他们提高工作场所的安全性。

保罗·奥尼尔意识到，改革公司文化不但正确，而且还能带来收益。如果一家公司能够给予员工无微不至的关爱，那么这种充满关爱的公司文化，将会延伸到工作过程、产品和消费者那里。保罗·奥尼尔向我们展现了他非凡的领导力，同时也证明，万事皆有可能。如果我们能够在安全方面成功进行"量子跃进"，为什么在消费者服务、质量和盈利能力等方面就不行呢？

得益于保罗·奥尼尔对公司文化进行的自上而下的改革，美国铝业公司成了一家"量子跃进"式的公司。

美国铝业公司的故事很有借鉴意义，有助于我们进行公司改革，尤其是营销、公共关系和广告部门的改革。我已经在前面的章节提到过，我了解的大多数营销机构和人员仍未意识到改革迫在眉睫。保罗·奥尼尔大刀阔斧的改革证明，坚定不移、原则性强的领导层，能够为公司开创出崭新的发展道路。

驱动公司进行改革，不一定要从开展口碑营销或者给予消费者全新体验开始。公司改革完全可以从领导层开始。你可以帮助公司高管认识到这样的现实：消费者的反抗不可避免，迫在眉睫，必须立即采取行动进行改革。

📁 改革公司文化的具体措施

为了适应现实状况，只对公司文化进行微调将于事无补。你需要"量子跃进"式的思维。下面，我将介绍一些改革公司文化的具体措施。

●公司高层身先士卒：保罗·奥尼尔并不是宣布改革目标后就去吃大餐去了。他的生活，甚至他的呼吸，都离不开设定的目标。无论你何时看到他或听到他讲话，你都会感觉到，改革公司文化是他工作的首要任务。

●选择恰当的指标：如果你希望在绩效方面实现量子跃进，你需要一项统一、明确并有利于催生正确行为的指标。美国著名管理专家及畅销书作家吉姆·柯林斯（Jim Collins）在其经典著作《从优秀到卓越》（*Good to Great*）中描述了选择恰当指标的重要性。在美国铝业公司的例子中，这一指标就是事故率。

●切勿遮遮掩掩：消费者希望信任你，但前提条件是他们能够了解真实的你。米奇·乔尔的认为，现代领导力的关键是透明度。他写道："要把所有隐藏的东西公布于众，包括数据、业务过程、人力资源、技术、销量、营销、职业发展、内部会议和团队表现，等等。在许多领域，领导者只需公布曾对大多数人隐瞒的事情，即可取得重大改进。"

●承认现实：消费者就是我们的营销人员，承认这一点，对你所在的组织机构、预算以及员工都具有重大影响。你需要承认，三分之二的营销已经不在你的掌控范围之内。从今天开始，你要做的就是进行调整，以便适应这个新的现实。

• 掌控局面：在此前的章节中，我已经对错误使用科学技术的现象进行了猛烈抨击。在你所在的公司，对科学技术的应用处于什么状况？要知道，在互联网诞生的初期，我们在营销时借助科技的力量迫使消费者屈服。当时，我们希望消费者点击、下载、上传和观看广告。然而，在消费者进行反抗的时代，我们需要让科技屈从于消费者。请不要再奢望去寻找营销捷径，而要踏踏实实把工作做细，努力让科技服务于消费者。

• 雷厉风行：美国铝业公司掌门人保罗·奥尼尔把他的好朋友兼副手开除，就是要在整个美国铝业公司引起轰动。我不是说你一定要开除手下的人员；然而，你一旦决定必须进行改革，那么就要对与改革目标不一致的行为采取零容忍的态度。

◁») 设立高效营销团队

我一直在思考，以人为本的营销团队应该是什么样子。如果你认同本书的观点并计划着手新设立一个营销部门，你需要什么样的人才呢？

解决这一问题的方法之一是，研究我在前面的章节介绍的开创性公司的做法，这些公司包括"气泡机构"、巨勺、雷恩、华彩等。我的感受是，这些公司的营销团队，其营销手段几乎完全是开创性的。

这些公司在传统内容制作、搜索引擎优化和广告上的投入较少。它们的工作重点在于，利用各种资源进行创新，找到与消费者建立情感连接的新方法。这些方法包括：现场互动、娱乐性体验、社交媒体亲密互动和巅峰瞬间分享。如果有必要，还可以访问消费者的家庭和工作单位。总之，这些公司竭尽全力寻找新的途径，帮助消费者讲述故事。

为了在繁杂的营销市场把信息传递给消费者，你制作出的东西必须特别引人注目。博客、搜索引擎优化和广告的吸引力显然达不到这样的要求。那么，还有什么必要去继续制作这些内容呢？

简而言之，未来的营销部门必须由有创意的人员组成，即他们经常会想出令人脑洞大开、又被消费者接受的好注意。我再一次强调，我不是说不需要再做广告或优化搜索引擎，我只是说营销市场的三分之二已经被消费者掌控，而上述做法显然无法帮助公司打入这部分市场。

就营销部门的组织结构而言，在我曾工作过的公司中，我见到过下列好的做法。

• 统一功能：目前大多数公司的营销团队是按照产品、品牌和地区来组建的。然而，为了在未来能够取得成功，你的营销团队或许需要按照功能来组建，以便在每一个消费者接触点都能提供综合性的宣传。这样做的好处是能够确保功能的一致性，并且避免设立那些发挥作用的时间不长却不得不长期保留的部门。

●整合信息技术营销：有些网站和电商平台对用户体验无法造成影响，而在一般情况下，营销部门没有能力对此做出较大改善。因此，不要把面向消费者的决定权拱手相让给信息技术部门。实际上，营销部门应该在信息技术部门占有一席之地，促进信息技术部门在做出面向公众的技术决定时，先考虑消费者的感受。

●打破传统等级制度：在传统的营销部门中，工作职责和头衔实施等级制度，一般不会轻易改变。然而，在消费者进行第三次反抗的时代，任何事情绝非一成不变的。因此，你需要去奖励有创新性贡献（虽然衡量起来比较困难）以及能够根据需要担起临时角色的人。在这个科技和消费者的行为模式飞速变化的时代，在分派工作后，或许我们没有时间等待人们慢慢进入角色。

此外，是否需要对营销部门的领导岗位进行改革？你需要什么样的人担任这个部门的领导？是传统型的还是创新型的？

马丁·林斯特龙在这方面的态度非常明确。他表示："传统首席营销官的角色已经不复存在，因为他们只会搞鼓数据。他们整天盯着图表、数据和报告，并时刻留意媒体报道了什么样的新闻。如此一来，他们总是感觉自己处于落后状态。他们的注意力集中在如何做出反应，而这只能是被动的。然而，他们应该做的是创新，是想出绝妙的主意并立即付诸实施。我认为，新一代首席执行官应该是公司内部所有部门和功能的黏合剂。他们应该和消费者打成一片，能够首先以消费者的角度，去发现新的需求和机会。然后，协调公司各部门开会，研究对策，一致采取行动去满足消费者的需求。首席营销官应当帮助各部门的人员展开合作，并及时传达消费者的愿望和诉求。"

美国全国广播公司体育集团（NBC Sports Group）首席营销官詹妮弗·斯特罗姆（Jennifer Storms）同意上述观点。

她表示："首席营销官的职责就是去实地考察、倾听和理解他人意见，只有这样，他们才能在公司所有其他部门面前代表消费者。"

她还认为，成功的首席营销官需要履行下列三个主要功能。

●教育：在公司所有部门广泛宣传消费者的诉求，用消费者的语言向这些部门解释消费者需要什么和珍视什么。

●分析：营销战略必须根植于数据。营销要建立在对消费者的研究之上，并将研究成果转化为切实可用的洞察力。

●协作：这一点对首席营销官来说非常关键，但又最容易被忽略。为了服务消费者，要求人们做那些不一定最符合他们自身利益的事情，一定会遇到阻力。然而，首席营销官的工作就是让各个团队围绕消费者的需求进行协作。

🔊 外包营销代理机构的角色

我一直与一位大型制药公司的品牌经理进行合作。据我了解，她希望把本书的一些观点付诸实施。然而，由于这家制药公司与一家全球营销代理机构签有代理协议，她的想法实施起来困难重重，进展缓慢。

她说："我知道，公司现在的营销必输无疑，因而我希望采用新的途径与消费者建立连接。然而，每次我要求代理机构采取新的营销战略，我得到的只是一条广告。我沮丧至极，准备中止与这家代理机构的合作，即使这么做意味着我会丢掉工作！"

事实上，营销代理机构是最需要改革的地方。大部分营销代理机构不但自己不思进取，沉睡不醒，如同僵尸，并且希望把代理的公司也变成僵尸。这背后的原因很简单，几十年来，这些代理机构的一贯操作就是抛出一个注意，耍点花样，然后执行和测算，最后开出巨额账单收钱。它们陷入陈旧过时的组织机构不能自拔，几乎没有变革的可能。对与营销代理机构合作的公司而言，如果希望获得成功，就必须打破公司营销负责人与代理机构之间的"暧昧"关系。

营销资金正在大规模地从传统广告代理机构转移到诸如埃森哲和德勤等这样的咨询机构，因为它们能够带来全新的消费者体验、基于数据研究之上的颠覆性战略、畅通无阻的电子商务，以及满足个性化需求的价值。

然而，我认为营销代理机构并非只能坐以待毙。在消费者的第三次反抗当中，广告代理机构仍然能够提供成功营销所需要的、创新型的动力。但是，它们必须认清当今世界的现实并为之提供服务。换句话说，它们必须集中精力，帮助消费者为厂家进行营销。

◁)) 营销效果的衡量

写书需要大量的学习和研究。两年来，我阅读和研究相关问题，还写了不少东西。在这个过程中，我意识到，在消费者的第三次反抗的世界中，营销效果的衡量问题，是赢得胜利的重大障碍。

我们目前所掌控的许多营销形式都可以进行衡量，尤其是数字指标。然而，我在本书中倡导的营销方法，或许很难与客户转化率或者销售额直接挂钩，有时候甚至完全无法衡量。我们无法掌控的三分之二的营销，包括消费者内容、评价和口碑对话，都至关重要，但它们很难在当前普遍使用的营销智能仪表盘上体现出来，例如：

- 如何衡量在帮助消费者获得归属感方面获得的成绩？
- 在口碑营销的项目中，衡量项目进展的短期指标有哪些？
- 对小公司而言，如何量化与消费者价值观保持一致带来的长期影响？

● 如何衡量体验式营销的价值？

当然，如果有足够的创意，又非常勤勉，任何事物都可以衡量，但一定不会容易。况且，在部门的月度报告中，营销人员及其主管一般都会倾向于选择容易、熟悉和传统的数据登记项目。

巨勺公司联合创始人马克·西蒙斯认为："如果人们无法衡量某种成果，他们就会抱残守缺，继续延续此前的做法。即使优秀的领导者，也会因为无法解决衡量的问题而被迫停止尝试新的营销方式。他们博览群书，理解文化脉搏，知道需要做得更好。然而，融入营销创新的文化，需要足够的勇气；需要具有远见卓识的领导者去驱动这样的变化并抛弃传统指标。你也许能跟上营销文化加速发展的脚步，或许你也能够对其进行衡量，但或许你很难做到兼而有之。"

我同意这种观点，但又憎恨它，因为这种观点使我感觉到，倡议去做不能衡量的事情，绝对是不敬业的表现。同时，我感觉著书颇丰的现代管理学之父彼得·德鲁克似乎在我脑中大喊："如果无法衡量，就无法管理。"

田纳西大学分析学专家朱莉·费拉拉（Julie Ferrara）认为，营销机构和人员需要把目光投向目前的营销仪表盘之外的地方，以驱动公司的量子变革。

她还表示："目前的衡量指标都是建立在历史经验之上的。如果你尝试口碑营销、影响者营销或者其他新型营销方式，就没有了进行评估的参考指标。因此，这些做法很自然地被认为会给公司带来风险。"

"但是，公司应当划拨部分营销预算去尝试新的营销方法，并在预期结果的基础上承担可控的风险。如果没有趋势线可以依赖，你也无须紧张。然而，你应当为项目或宣传活动设立目标，然后做事后分析，问自己是否达到了目标。这样，你就启动了持续学习和改善流程的旅程，而这样做将最终产生更多既明显又可以衡量的商业利益。"

"在这个过程中，你还要摆脱情绪的干扰。错失目标、重复和提高，这个过程很正常，因而需要有平常心。然而，你还需要设定目标并进行追踪，这样一来，你就能够知道什么时候应该放弃，然后转向其他的事情。"

塞斯·戈丁在《这就是营销》（*This is Marketing*）一书中写道："对衡量的焦虑已经成为新常态。"他还做出了以下论述。

直接营销以行动为导向，能够被衡量。

品牌营销以文化为导向，无法衡量。

这其实既简单又复杂。如果你购买了直接的营销广告，就衡量其效果。计算一下获得关注、点击，以及把关注转为订单的成本。直接营销是行动营销，如果你不能衡量其效果，就没有意义。

如果你做的是品牌营销，就需要有耐心。要拒绝衡量，并与这种营销文化互动。要专注，但更重要的是要保持一致性并具有耐心。

总而言之，你面临的挑战是要满足消费者的需求，即使你无法立即获得投资回报。或许，你可以问自己这样一个问题：如果你不改变营销战略而你的竞争对手做出了相应的改变，你将承担什么样的代价？

衡量新型营销效果的另外一个障碍是营销采购。如果对新型营销战略的效果进行衡量很困难，那么，公司在向代理商采购营销服务时，应该有什么标准呢？

马克·西蒙斯表示："有的客户仍然把目前的营销当作20世纪八九十年代的营销。客户采购部门的一些员工只知道某一套营销采购方法，然后就一成不变，不知变通。如果他们跟不上营销的新需求和新科技，他们甚至不知道自己需要什么。营销采购专业人士受的训练，就是去追求最低级的基本指标。最终，他们会用一些标准衡量营销活动的效果，包括：销量如何？有多少潜在消费者？他们企图把新型营销与过去的营销进行对比。然而，两者是无法对比的。"

🔊 文化亦是营销

在我为写这本书做研究时，我请朋友们给我列举一些能够给消费者带来归属感的公司。许多朋友提到了商业视频软件公司维斯提亚公司（Wistia）。他们对这家公司赞不绝口，正如我总是对匹兹堡钢人队（Pittsburgh Steelers）大加赞赏一样，因为我是这支橄榄球队的忠实粉丝。

因此，我就查询了维斯提亚公司的情况。这家公司提供系列工具，帮助其他公司制作、管理和储存它们的视频内容。但是，我被吸引的原因是，该公司宣布：维斯提亚公司是一家由81名员工组成的公司，其宗旨是帮助企业变得更加人性化。

维斯提亚，你好！你引起了我的注意。

当我采访该公司创始人兼首席执行官克里斯·塞维吉（Chris Savage）的时候，我打算将该公司作为案例研究写入"归属感"的那一个章节。但我很快意识到，克里斯不仅是在适应消费者的第三次反抗，他还用"量子跃进"的方式引领这次反抗。

我决定把这次采访的内容完整地公布出来，因为这次采访为营销领导力的建设以及如何打造基于"人性印象"的公司，提供了有益的素材。

我：克里斯，您在其他的访谈中提到，您觉得您最大的成就在于建立了良好的公司文化。就与客户建立联系的方式而言，您当时是有意把这种公司文化延伸到那些连接方式之中吗？

克里斯：不是的，我不能说一开始就是有意的。刚开始的时候，我们的网站有些趣味，但我们并没有任何深思熟虑的营销计划。我们只是在办公室随便转了转，拍摄了一部视频，向公众展示在这里工作的"幕后场景"，没有配音或进行其他的处理。后来，这部视频被"黑客新闻"（Hacker News）网站播放，然后就风靡网络。这样一来，人们都在谈论维斯提亚公司是如何潇洒和有趣。

我觉得我们做的事情很有趣，于是就拍摄了更多类似的开放性视频。我们只是自娱自乐，这些视频发给我们的父母看也没有什么问题！有意思的是，我们从来没有打算用这些简单的视频去吸引客户。我们不是在售卖什么东西。然而，2周后，我们新增了大批客户！

这真是一个有趣的时刻，因为我们此前曾一直滔滔不绝地谈论我们的产品，但进展缓慢。现在，我们不再谈论产品，只是向公众展示我们是什么样的一群人，每天却都有新客户找上门来。

我意识到，我们公司的文化就是我们的营销。我开始认识到，如果我把公司文化弄得一团糟，那么我们的营销能力将备受打击。很显然，客户与视频中的人建立的感情纽带，要比他们与产品建立的连接关系更牢靠。

我不是说我们已经完美无缺。我们曾走过一段弯路，因为当时我们把工作重点放在了错误的事情上，给我们造成了全方位的伤害。然而，一旦我弄清楚了公司文化的意义，事情就开始朝着好的方面发展，因为文化就是战略，不是吗？如果某家公司内部不诚实、不透明，那么这家公司也无法与消费者建立相互信任和透明的关系。

成功的源泉在于发展一种有利于讲故事、建立连接和打造社群的文化。所有的这一切，都要回归到那些在互联网出现以前就很重要的事情上面。

我：是否有具体的经历或事件，导致你认识到，你拥有的不仅仅是客户？你是否拥有认同你的公司和公司文化的粉丝？

克里斯：几年前，我们决定为客户举办一场活动，向他们介绍我们正在学习什么。我们认为，这将非常有趣。我们在推特上宣布，将在某个星期六举办这场活动。我们第一次开展这种活动，难以预测到时候会有多少人到场一无所知，况且我们在社交媒体上面的粉丝也不多。我们的预测是大概有5个人将到场，而实际上多达60人，其中有些人还从其他州开车而来。

来到活动现场的客户纷纷表示，"能够和你们的团队交流，我们感到非常激动。你们做的事情与众不同，你们真棒。"那真是个令我难以忘怀的时刻，我能感觉到客户支持我们，给我们鼓劲，那种感情要比简单的客户关系要强烈得多。

有些人为自己喜爱的球队呐喊欢呼，有些人则为初创企业加油鼓劲。我想，我们的公司应该是一支书呆子运动队！客户很留意谁是我们团队的成员，以及我们公司有什么动向。客户开始穿我们公司的文化衫，贴我们的标签。就如同球迷对待自己喜爱的球队一样。最重要的是，他们给朋友们讲述关于我们公司的故事。

我们公司的大部分客户都是由他人推荐的，而推荐的途径就是口碑。口耳相传使得人们知道了我们公司的故事，还有我们所做的很前卫的事情。目前，我们的客户生命周期平均为大约5年，这对我们公司来讲已经非常长了。目前，这种连接带来的客户忠诚度，已经在公司利润上得以体现。

我：一类是拥有客户的公司，一类是拥有忠诚粉丝社群的公司。担任这两类公司的领导人有何不同？

克里斯：与客户的关系是短暂的，而与粉丝的关系是持续的。粉丝希望参与到你所做的事情中，他们想在新闻发布之前就知道你做的事情，而你必须对此做出回应。客户在传统意义上讲是那些货比三家的人，他们对你的团队和文化并不真正在意。

支持你的粉丝希望看到幕后的事情，希望参与其中。这是一种你必须尊重的强烈需求。为真正的社群服务，意味着为双方之间的长期关系持续投入。

我：所以，这样做已经不仅仅是和他们进行交流了。客户是如何具体参与贵公司的经营和活动的呢？

克里斯：这个问题问得很好。我们做的最主要的事情，是让顶级客户参与到我们制订产品计划的过程中。当我们准备开发新产品时，我们会与这类客户讨论，找到我们要解决的主要问题。我们还设立了由客户组成的试验小组，当我们即将找到解决方案时，我们就让试验小组的客户率先试用，他们也乐意与我们配合。可以说，客户支配着产品研发"路线图"，他们在很大程度上控制着我们公司的研发过程。

我们还举办线上和线下活动，以便把社群的人们会集起来。我们每天都和客户展开对话，每个月与我们对话的客户为6000~10 000人。

最近，我们在线上开展了名为"视频营销周"的活动，大约有8500人参加。我们计划进行的下一场线上活动名为"沙发大会"，预计将有20个人发表演讲，而听众坐在家里的沙发上即可参加大会。我们总是想出新奇的主意，以便更好地连接客户，并让他们参与我们公司的发展。

这些客户体验活动甚至决定了我们公司的组织结构形式。我们经常问这样一个问题："公司的组织结构与客户的需求相匹配吗？"坦率地讲，我们不害怕调整。

我：你们是怎样管理成千上万的对话的呢？贵公司已经有相当大的规模。随着公司的扩张，如果有粉丝流失，你们将面临着让人们感到失望的风险。

克里斯：我们也非常关心这一问题。因此。我们已经制订计划，从多个方面确保万无一失。

我们获得反馈和主意的方法之一是设立在线论坛。我们有一个在线论坛，每天大约有2300名活跃的参与者。此外，我们还设立了不同的区域，讨论营销、生产等以及其他方面的问题。人们还可以围绕特定的活动和产品，建立自己的讨论渠道。我们会留意大家在讨论什么，但从很大程度上来讲，我们是一个互助社群。这正是我们公司的梦想，即与客户一起组成综合、有机的团队并开展工作。

我们这个系统的另外一个优势在于，公司与客户在这个系统上的互动会被保存下来，取得的效果要强于客户拜访活动，因为客户拜访活动的一些内容可能会丢失。我们在这个系统上投入了大量资金，现在仍在继续投入。然而，只要能够确保公司与客户的对话富有成果，而且客户能够看到公司愿意倾听、采取相应行动和保持透明，这样的投资就物有所值。

对我来说，重要的是，维斯提亚不但成了一家愿意投资客户的公司，而且客户信任它、向它学习并为之喝彩。

我希望能成为读者为之喝彩的作家！这看起来似乎是一个紧密相关的目标。

维斯提亚案例的深刻意义在于，如果你真切地和客户建立个人和人性化的连接，你的"营销"就可以终止了。如果你提供的产品能够解决问题，那么公司以人为本的文化以及与客户的有机连接，将自然而然地刺激需求和销售。

下面，让我们一起走进本书的最后一章，展望未来。我们要讨论的问题是：消费者的第四次反抗会发生么？

第十二章
消费者的第四次反抗

告别就意味着死去一点点。

——美国侦探小说家雷蒙德·钱德勒（Raymond Chandler）

谎言的终结，秘密的终结，控制的终结。这些分别是消费者的第一、第二和第三次反抗的结果。然而，第三次反抗是消费者最后的反抗吗？我们是否有足够长远的目光，能够预测下一代的营销机构和人员将要面临怎样的情景？

目前，我相信建立与品牌的感情连接比以往都更加重要。然而，我们正迈入一个新的时代，在这个时代里，甚至营销的理念可能会变得不合时宜。最终，公司收集和整理个人信息的详细程度将登峰造极。换句话说，消费者将在分子的层面上被营销。

美国著名专栏作家亚历山大·尼日卡特（Alexander Nethercutt）在其题为"广告的终结"的文章中写道：

数据的完善将产生一个前所未有的新世界。在这个世界里，厂家能够把每一名消费者按照他的基因倾向而不是消费倾向与商品进行配对。这个世界将不再有品牌的创建、维护和推广，因为在一个依赖完美信息的世界里，人们不再需要对品牌的信任。在两个相同的产品中，消费者将总是购买便宜的那一个，这与目前的状况正好相反——目前的状况是，消费者购买美林（Motrin）所花的钱要多于购买布洛芬（ibuprofen），虽然它们的主要成分是相同的。

一旦完美信息成为现实，其影响绝不仅仅是市场上多了一些非处方止痛药那么简单。根据细分市场的特定需求，市场上将会有几百种、甚至成千上万种这样的药品。在这样的一个世界里，营销的目的将会是把特定的消费者与特定的产品配对。而在过去，由于这类消费者的总需求量有限，厂家无法形成规模效益，无法赢利，最终导致产品与消费者无法配对。

我们所熟知的广告宣传，即各种大规模的、旨在激发消费者潜意识的宣传活动，将不复存在。取而代之的将是与我们过去的所见所闻大相径庭的事物。例如，谷歌、脸书和亚马逊等公司使用的算法，将给我们带来所有东西的理想选择，因为算法能够把我们分析透彻，彻底了解我们。

在前面的章节中，我已经下了这样的结论——在目前的这个时代，消费者就是营销人员。在未来，消费者还可能会变成市场——专属的、个性化的市场。

我并不完全赞同尼日卡特的观点。我认为，我们中的一部分人将总是非理性的，他们愿意购买美林等产品。

然而，不可否认的是，互联网蜂巢思维[1]已经使公司比我们更了解我们自己。或许，消费者的第四次反抗尚未发生的唯一原因是，我们还没有认识到上述现实。如果我们认识到，我们得到了更好的服务是因为我们允许算法去处理我们自己的日常决定，我们会做出什么样的反应呢？是疲惫不堪地听天由命，放弃自己的决定权？还是进行下一次反抗，夺回行使自己并不完美的自由意志的权利？

世界飞速变化，未来混沌不清。然而，有一点确信无疑，那就是：无论消费者和公司之间未来将发生什么样的冲突，消费者仍将获胜，这一点亘古不变。

公司必须跟随消费者的脚步，别无选择。

尽管有些公司将永远不会明白其中的道理，还将有一些公司打算继续与消费者的反抗作对，但以人为本的营销变革终将发生。我对此深信不疑，因为"影响力之父"罗伯特·西奥迪尼（Robert Cialdini）亲自告诉了我这个结论。

由于我此前出版的一本书的缘故，我很荣幸地有机会采访了西奥迪尼。他是我敬仰的学术大师，出版了多本荣登《纽约时报》畅销书榜单的书籍，其中包括《影响力》（*Influence*）和《先发影响力》（*Pre-suasion*）等。

在采访的最后，我问道："西奥迪尼，在这个嘈杂、令人应接不暇的世界里，怎么做才能脱颖而出，引人注目？"

---

[1] 即所有人都通过互联网和社交媒体联结在一起。——译者注

他没有丝毫犹豫，仅用几个字回答了我："要更加人性化。"

在这个被算法效率统治的世界里，人与人的接触能够创造意义、情感和影响。我对这个喧嚣的商业世界了解得越多，对我们遇到的问题和挑战思考得越多，我就越坚信，西奥迪尼是正确的：要更加人性化。

无论未来将要发生什么，我们只有把这句话当作永恒的指南和过滤器，才可能会一帆风顺。

用人性营销留住商机！

祝你在更加以人为本的营销道路上圆满成功。

参考文献

1. Much of this section was inspired by the excellent book "The Attention Merchants: The Epic Scramble to Get Inside our Heads" by Tim Wu, published by Alfred A. Knopf, 2016.

2. "The consumer decision journey," by David Court, Dave Elzinga, Susan Mulder, and Ole Jørgen Vetvik, McKinsey & Company Insights.

3. "Ten years on the consumer decision journey: Where are we today?" on McKinsey blog Nov. 17, 2017.

4. "The Relevancy Gap: Businesses Believe Marketing Communications Are Effective; Consumers Disagree" by Tom Farrell on martechseries.com.

5. "Do Brands Follow Through on Their Promises? Many Are Skeptical" Commentary and charts on Marketing Charts October 2018.

6. "MarTech's Evolving More Rapily than Marketer's Use of It" by Marketing Charts July 30, 2018.

7. 2017 Alphabet annual Founder's Letter.

8. Nielsen data from "Large B2C Brands Are Struggling to Optimize Their Marketing Budgets" on Marketing Charts blog August 01, 2018.

9. "Jeff Bezos Says This 1 Surprising Strategy Is the Secret to His Remarkable Success," By Peter Economy INC magazine Jan 2018.

10. "The new battleground for marketing-led growth" McKinsey Quarterly Journal Feb 2017 by David Court, Dave Elzinga, Bo Finneman, and Jesko Perrey.

11. "What's Love Got to do With It?" By Isabelle Coates, WGSN blog, July 06, 2018.

12."Survey: 32 percent of consumers say brands are delivering less on promises," by Adrianne Pasquarelli, Ad Age Oct 09, 2018.

13."Your Guide to Generation Z" By Elizabeth Segran, Fast Company Magazine, April 18, 2016.

14.Source for the section on Macy's comes from "Employers Are Looking for 'Influencers' Within Their Own Ranks" by Amy Merrick, The Atlantic, Sept. 27, 2018.

15.McKinsey, ibid.

16.Google partnered with Verto Analytics to analyze the consumer opt-in Verto Smart Cross-Device Audience Measurement Panel for click-stream data of n=2,989 individuals over a period of six months..

17."Genes are nice but joy is better" By Liz Mineo, Harvard Gazette, April 11, 2017.

18."Young people may be the loneliest of all" by Dalmeet Singh Chawla on Medium, Oct. 1, 2018.

19."The Blindness of Social Wealth" By David Brooks, The New York Times, April 16, 2018.

20."No employee is an island: Workplace loneliness and job performance" by Ozcelik and Barsade, Academy of Management Journal, Feb. 6, 2018.

21."U.K. Appoints a Minister for Loneliness" By Ceylan Yeginsu, The New York Times, Jan. 17, 2018.

22.The source material for the Pepsi case study comes from the book "The Attention Merchants: The Epic Scramble to Get Inside our Heads," by Tim Wu, published by Alfred A. Knopf, 2016.

23. "How 2 Brothers Turned a $300 Cooler Into a $450 Million Cult Brand" by Bill Saporito, INC magazine online edition.

24. Some of these tips from Lululemon come from the article "How Lululemon Uses Ambassadors to Foster Customer Engagement" by Laura Hill, Well To Do, July 13, 2017.

25. "4 Tactics Lululemon Uses to Leverage Word-of-Mouth for their Brand" by Samuel Hum ReferralCandy Blog, June 30, 2015.

26. Some of these foundational ideas are based on research found in "Getting Brand Communities Right" by Susan Fournier and Lara Lee; Harvard Business Review, April 2009.

27. "Advertising is dead and other thoughts from Faith Popcorn," by John Wolfe, Media Post, March 16, 2018.

28. Molly Battin quotes were from a live event, Brand Marketing Summit, October, 2018.

29. http://adage.com/article/podcasts/mastercard-marketer-existential-threat-faces-cmos/313766/.

30. Source: "Nintendo's New DIY Toys Are Mind-Bendingly Imaginative" by Harry McCracken, Fast Company, April 13, 2018.

31. Source: "Why this clothing startup wants you to know thy T-shirt maker" by Elizabeth Segran, Fast Company, July 10, 2018.

32. Source: "Why Companies Need a New Digital Playbook to Succeed in the Digital Age" by Peter Weill and Stephanie Woerner, MIT Sloan Management Review, June 2018.

33. From the book "Story Driven: You don't need to compete when you know

who you are," by Bernadette Jiwa.

34. "9 Out of 10 People Are Willing to Earn Less Money to Do More-Meaningful Work" by Achor, Reece, Kellerman, and Robichaux, Harvard Business Review, November 6, 2018.

35. "Advertising is dead and other thoughts from Faith Popcorn" by John Wolfe, Media Post, March 16, 2018.

36. Some information about American Eagle for this case study came from "How gun control and gay rights became key to selling jeans" by Elizabeth Segran, Fast Company, July 30, 2018.

37. "Three myths about what customers want" by Karen Freeman, Patrick Spenner and Anna Bird, Harvard Business Review, May 23, 2012.

38. "Consumers Believe Brands Can Help Solve Societal Ills" by Suzanne Vranica, Wall Street Journal, October 02, 2018.

39. Source of BlackRock information: "BlackRock's Message: Contribute to Society, or Risk Losing Our Support" by Andrew Ross Sorkin, The New York Times, January 15, 2018.

40. Quote from live event Brand Marketing Conference, October 2018.

41. "Report: CEOs taking a stand online can boost reputation and sales" by Beki Winchel, PR Daily, September 7, 2018.

42. This is from a 2018 study that can be found at CMOstudy.org.

43. Source for this section: "As Millennials Demand More Meaning, Older Brands Are Not Aging Well" by Sebastian Buck, Fast Company, October 5, 2017.

44. Many thanks to Keith Reynold Jennings for contributing this HBR insight.

45. Quote from Kindle version of the book "Hit Refresh" by Satya Nadella,

Greg Shaw and Jill Tracie Nichols.

46. "The most hated online advertising techniques" by Therese Fessenden, Nielsen Norman Group, June 4, 2017.

47. "Do brands have enough MarTech now?" Marketing Charts, October 10, 2018.

48. Source of Mr. Rothenberg's quotes are "Tackling the Internet's Central Villain: The Advertising Business" by Farhad Manjoo, The New York Times, February 1, 2018.

49. "The new consumer decision journey" by David Edelman and Marc Singer, McKinsey.com, October 2015.

50. The New Tech Manifesto is an open, crowd-sourced document. You can contribute to the effort, too by visiting bit.ly/datafesto.

51. "Why trust & transparency are crucial components of brand success" by Lynette Saunders, eConsultancy blog April 05, 2018.

52. "Connecting Process to Customer: Take the Customer Journey" by Bruce Robertson, Gartner.com, May 3, 2017.

53. Data from "Freemium conversion rate: Why Spotify destroys Dropbox" by Brandon Brindall, process.st, June 28, 2018.

54. Quote and statistics from "Denver: The WSJ Airport Rankings' Rocky Mountain High-Scorer" by Scott McCartney, Wall Street Journal, November 14, 2018.

55. "User Generated Content is Transforming B2C Marketing" by Matthew Hutchinson, Salesforce Marketing blog, February 17, 2016.

56. "11 Ways To Engage Customers In Your Marketing Strategy" Forbes

Communication Council, June 12, 2018.

57. "The science behind why people follow the crowd" by Rob Henderson, Psychology Today, May 24, 2017.

58. "New Study Finds that 19 Percent of Sales Are Driven by Consumer Conversations Taking Place Offline and Online" on Engagement Labs blog, November 27, 2017.

59. "Aliza Freud on Influencer Marketing" by Matthew Quint, Columbia Business School Ideas and Insights, February 20, 2017.

60. "Glossier is building a multimillion-dollar millennial empire with Slack, Instagram and selfies" by Jenni Avins, Quartz, December 1, 2016.

61. "Social Objects: Everything you wanted to know" by Hugh Macleod, Gaping Void blog, July 24, 2017.

62. "What really makes customers buy a product" by Hugh N. Wilson, Emma K. Macdonald, Shane Baxendale, Harvard Business Review, November 9, 2015.

63. Case study comes from "The Power of Moments" by Chip and Dan Heath.

64. "How Customers Come to Think of a Product as an Extension of Themselves" by Colleen P. Kirk, Harvard Business Review, September 17, 2018.

65. "How 'normal people' are taking over the product review" by Ken Wheaton, Think With Google Blog, April 2018.

66. Source: YouTube Data, U.S., Classification "travel diary and vlog" videos were based on public data such as headlines, tags, etc., and may not account for every such video available on YouTube, Jan. - June 2015 and 2017.

67. "Influence Marketing Sways Youth Who Engage With It" By Marketing

Charts, April 9, 2018.

68. "The Right Way to Market to Millennials" by Jay I. Sinha and Thomas T. Fung, MIT Sloan Management Review, April 24, 2018.

69. Disclosure: I have been considered an influencer for Dell in the past and currently host the company's "Luminaries" podcast.

70. "Three Short-Term Trends from The Latest CMO Survey" from Marketing Charts, September 18, 2018.

71. "It's time to put an end to the era of lazy marketing" by Mark Schaefer, {grow} blog, October 17, 2017.

72. Quote from "Six Content Ideas Every Marketer Should Steal From IBM" by Marcia Riefer Johston, Content Marketing Institute, January 14, 2016.

73. "Wren's Melissa Coker on how that Viral 'First Kiss' Video Went Down" by Dhani Mau, Fashionista, March 11, 2014.

74. "Ten new findings about the millennial consumer" by Dan Schwabel, Forbes, January 15, 2015.

75. "How the founder of Glossier created a beauty line with a cult following" by Ahiza Garcia, CNN Business, October 11, 2017.

76. Ibid Schwabel.

77. Quote from "How fast can a beauty blogger become the millennials' Estée Lauder? About three years" by Amy Larocca, The Cut.

78. Ibid Larocca.

79. Quotes from live presentation at Brand Marketing Summit 2018.

80. "Tech consultants are the new Mad Men" by Stephen Wilmot, The Wall Street Journal, November 9, 2018.

致谢

这本书的创作过程超过两年。在此期间，我得到了许多人的无私帮助。因此，本书是爱的结晶。

由于喜欢我的《为人所知》这本书，基斯·雷诺德·詹宁斯与我结缘。从那以后，我们两人成了朋友和商业哲学方面的灵魂伴侣。基斯就职于位于亚特兰大的杰克逊医疗公司，担任负责社群营销的副总裁。在阅读本书的初稿时，他给我提出了许多充满智慧的建议。

基蒂·基利安生活在荷兰，是一名知名作家。她一直不留情面地追问我书稿中的细节问题，以确保这本书对不同背景和国籍的读者都具有吸引力。

这本书中的重点之一，是强调建立本土化的匠心营销策略的重要性。为了让本书体现出"匠心"的特色，我邀请了居住在诺克斯维尔的插图画家巴黎·伍德赫尔（Paris Woodhull）来负责本书的外观和质感。她的工作完成得很出色。

曼迪·爱德华兹（Mandy Edwards）在本书的编辑方面提供了不可或缺的支持。她做了关键的研究和查证工作，确保本书完整、准确并富有趣味。

凯莉·埃克塞特（Kelly Exeter）做了大量工作，确保本书的版面美观大方。伊丽莎白·雷亚（Elizabeth Rea）是与我合作多年的编辑，帮助我润色了本书的行文。

最后，我还要向我的妻子瑞贝卡（Rebecca）表示感谢。她的耐心、鼓励和独到的建议，平复了我在这本书的艰苦创作过程中的情绪。

后记

本书的创作过程

1545年，意大利画家雅各布·达·蓬托尔莫（Jacopo Da Pontormo）受势力强大的美第奇家族的委托，为其作画。这是一项浩大的工程。作为与米开朗琪罗同一时期的画家，蓬托尔莫非常出色，但他当时年事已高，因而迫切希望为后世留下更多的佳作。

蓬托尔莫明白，他需要把此次创作的壁画打造成他职业生涯的巅峰之作。因此，他将自己隔绝起来，避免其他人窥探他的构思和壁画。就这样，他在随后的11年时间里，一直悄悄地创作着壁画。

然而，在壁画完成以前，老迈的蓬托尔莫撒手人寰，那些壁画都没能流传下来。但是，在蓬托尔莫去世不久，一名文艺复兴时期的作家到访了创作现场。根据那位作家的描述，那些壁画构图混乱，画面缺乏应有的一致性，相互冲突，在视觉上展现了孤立状态对人们思维方式的影响。

我不会像蓬托尔莫那样戏剧性地孤立自己，但我确实花了很长时间，独自在我位于树林中的办公室写作。这对我来说是个难题，因为我需要与大众分离，以便集中注意力。然而，我同时也怀念人际交流活动，因为这类活动能够使这本书的内容更加丰富和完整。

为了撰写这本书，我做了大量研究。在这个过程中发生的一件事情，永远改变了我此后的写作方式。

西南偏南年度艺术节在奥斯汀举行。在一届艺术节上，我有幸遇到并采访了声誉卓著的传记作家沃尔特·艾萨克森，他是《史蒂夫·乔布斯传》以及其他多部传记的作者。然而，我们把大部分时间用于讨论天才的本质，以及他的新书《达·芬奇传》。达·芬奇和蓬托尔莫是同一时期的人物。

达·芬奇可以说是人类历史上最具有创造力的人，是一位永远充满好奇心的超级天才。令我感到触动的是，他的许多作品同样是思想碰撞的结果，或者说是协作的结果，包括名画《维特鲁威人》。这部作品的灵感来自古罗马作家、建筑师兼工程师维特鲁威（Vitruvius），其生活的年代比达·芬奇要早十几个世纪。

达·芬奇人缘极佳，周围总是围着一帮朋友。有一天，他的朋友弗朗西斯科（Francesco）给他看了一幅素描，画的是一个在圆圈中的男子。那幅素描是按照维特鲁威在一本著作中的详细描述画成的。文艺复兴运动的目标之一，是对古代思想进行挖掘，并按照现代的语言进行解释，因此弗朗西斯科对他的发现感到非常兴奋。这进而刺激达·芬奇用数学的角度去考虑人体的尺寸。

达·芬奇的另外一个朋友名叫基亚卡莫·安德里亚（Giacomo Andrea）。他画了一个草图，解释维特鲁威的观点，并向达·芬奇说明人体的轮廓为什么能够画到一个圆圈里面。

达·芬奇对此很着迷并深受启发，于是就找出了他保存的维特鲁威的作品进行研究，并创作出了自己的作品。无论是从科学的准确性还是艺术的美感来说，与此前艺术家的作品相比，达·芬奇的作品开创了完全不同的领域。

有些人认为，《维特鲁威人》或许是达·芬奇的自画像。但是，这幅画实际上是协作的结果。现在，这幅作品名扬四海，但其灵感来源于古代的思想。这个古代的思想引导达·芬奇的朋友画了一幅草图，然后他们一起进行了讨论。没错，达·芬奇的作品表现了精致和独特的内容，但如果没有别人的帮助，这幅名画恐怕难以问世。总之，这部标志性的作品是四个人思想的结晶。

除了这个故事之外，我还读到了更多的达·芬奇与人合作的故事，这导致我对我本人以前的创作有了新的认识和觉悟。我此前的创作，基本上都是在与他人隔离的情况下独自完成的。当然，我做了一些研究和访谈，但就书籍的整体框架而言，我都是一个人完成的。宽大的座椅、安静的办公室以及独自一人的状态就是我的创作环境。然而，受达·芬奇的影响，我决定采取不同的策略撰写这本书。我制订了计划，与许多意见领袖进行对话（大多数情况下是面谈），希望他们能够帮助我构思本书的主要观点。

这些有深度的对话对我产生了深远的影响。我的朋友们思想深邃，他们的观点就像精美织锦的纤维一样，编织成了本书的内容。仔细欣赏这件"织锦"，我们会发现每一根"纤维"组合在一起，共同创造了坚实和美丽的事物。在本书的主体部分，我已经提到了部分朋友的名字，但还有一些朋友的观点则隐藏在本书的字里行间。无论何种情况，他们都在本书的创造过程中帮助了我。我的"达·芬奇"团队的成员包括：

查德·巴黎斯曼（Chad Parizman），辉瑞公司数字营销部主任

梅根·康利，数字营销机构社会部落（Social Tribe）创始人兼首席执行官

梅丽莎·班达（Melyssa Banda），希捷公司（Seagate Technology）渠道营销副总裁

法比奥·泰姆伯西，阿迪达斯品牌营销总监

丹恩·哈泽尔（Dane Hartzell），霍尼韦尔（Honeywell）公司数字营销总监

杰克·西尔弗曼（Jack Silverman），博林营销公司（Bolin Marketing）营销总监

卡伦·弗雷伯格（Karen Freberg）博士，路易斯威尔大学教授

多萝西·博齐科洛纳-沃尔普（Dorothéa Bozicolona-Volpe），营销和品牌顾问

约瑟夫·哈斯（Joseph Haas）博士，心理学家

杰西·巴尔（Jess Bahr），工程师，营销顾问

海尤特·约格夫（Hayut Yogev），以色列初创公司顾问

安·汉德利（Ann Handley），营销专家公司（MarketingProfs）创始人

史蒂夫·雷森（Steve Rayson），企业家，内容营销软件公司热点汇（BuzzSumo）创始人

伯纳黛特·吉娃，作家，营销顾问

克里斯蒂安·斯特罗贝奇（Kristian Strøbech），记者，教育

家，顾问

梅利莎·威尔逊（Melissa Wilson），出版公司网情世故（Networlding）首席执行官

杰瑞米·弗洛伊德，首席营销官，律师，企业家

杰伊·阿库佐（Jay Acunzo），企业家

米奇·乔尔，企业家，作家，制药公司米鲁姆（Mirum）前总裁

阿瑟·卡迈克尔（Arthur Carmichael），大众媒体公司斯克利普斯网络（Scripps Networks）制作人

吉尔·斯通（Jill Stone），艺术家

基蒂·基利安，写作和新闻学教师

马丁·林斯特龙，营销专家和顾问

泰德·莱特，口碑营销专家和企业家

阿米特·潘查尔，微软竞争战略总监

基斯·雷诺德·詹宁斯，杰克逊医疗公司（Jackson Healthcare）负责社群影响的副总裁

奥尔加·安德里恩科，数字营销管理平台西姆速度（SEMrush）全球营销总监

朱莉·费拉拉，田纳西大学商业分析和统计系副主任

以上各位意见领袖为我提供了敏锐的见解和慷慨的支持，我对此心存感激。我同时希望，你读过本书之后，会认为我们的这本书值得回味。